きんしゃい
有田豆皿紀行

ARITA SELECTIONプロジェクト 編

CCCメディアハウス

目次

はじめに 06

有田豆皿紀行マップ 08

内山地区［マップ］ 10

福珠窯 12

渓山窯 18

李荘窯 22

今右衛門窯 26

辻常陸窯 32

香蘭社 36

CONTENTS

深川製磁　42

今村製陶　48

［有田寄り道コラム　風景編］泉山磁石場、陶山神社、天狗谷窯跡　52

有田駅地区［マップ］　56

皓洋窯　58

藤巻製陶　62

やま平窯　66

［有田寄り道コラム　お食事編］日本料理　保名　70

南川良原地区［マップ］　72

柿右衛門窯　74

陶悦窯　80

［有田寄り道コラム　番外編］インタビュー　井上萬二さん　84

赤坂・黒牟田・応法地区［マップ］ 86
源右衛門窯 88
しん窯 94
利久窯 100
徳幸窯 104
福泉窯 108
梶謙製磁社 112
伝作窯 116

大川内山地区［マップ］ 122
［有田寄り道コラム　風景編］大川内山 124
畑萬陶苑 126
瀬兵窯 130

CONTENTS

山内地区［マップ］ 134
そうた窯 136
伝平窯 140
［有田寄り道コラム　お食事編］ 野のもてなし料理 なな菜 144

吉田地区［マップ］ 146
与山窯 148
224 porcelain 152
［有田寄り道コラム　番外編］ 副千製陶所 156

手塩皿の歴史 157

有田豆皿一覧 161

窯元索引 175

はじめに

佐賀県有田町を中心に、伊万里市、武雄市、嬉野市一帯で焼かれる焼物を「有田焼」と呼んでいます。

有田焼は、日本で初めて焼かれた磁器です。１６１６年、朝鮮陶工の李参平が有田の地で磁石場を発見し、磁器を焼き始めました。以来、有田は４００年にわたる歴史の中で大きく発展し、日本有数の磁器産地となりました。

現在、有田には窯元が約１５０社存在します。本書では「大きな産地を小さな皿を通して見る」をテーマに、産地の中から26窯元を選りすぐり、彼らが丹精込めて作った豆皿を紹介します。豆皿を通して、有田焼を深く知る手引書になればとの思いで本書を編集しました。

有田焼には古伊万里様式、柿右衛門様式、鍋島様式の３つの伝統様式があります。古伊万里様式には素朴な染付を施し

INTRODUCTION

た初期伊万里様式と、金彩と赤絵をふんだんに用いた絢爛豪華な金襴手《きんらんで》があり、一般的には後者を指します。柿右衛門様式は乳白色の磁肌に余白を生かした左右非対称の構図で、日本画風の色絵を施した様式。鍋島様式は精緻な文様を基調にし、染付の藍鍋島と、赤、黄、緑の3色で絵付けした色鍋島とがあります。

今日では、伝統様式を守り続ける窯元もあれば、伝統様式を発展させようとする窯元、未来の伝統様式となる技法や表現を新しく生み出そうとする窯元もあります。有田豆皿を巡る旅は、これらの様式を巡る旅と言ってもいいかもしれません。どの窯元にも共通するのは、常に挑戦する心を持ち続けていることです。

本書タイトルにある「きんしゃい」とは、佐賀地方の言葉で「いらっしゃい」という意味。本書を手に取り、もし有田焼に興味を持ったなら、ぜひ有田まで足を運んでみてください。皆がきっと喜んで迎えてくれ、「よう、きんしゃったね」と声を掛けてくれるでしょう。

さぁ、有田へきんしゃい！

有田豆皿紀行マップ

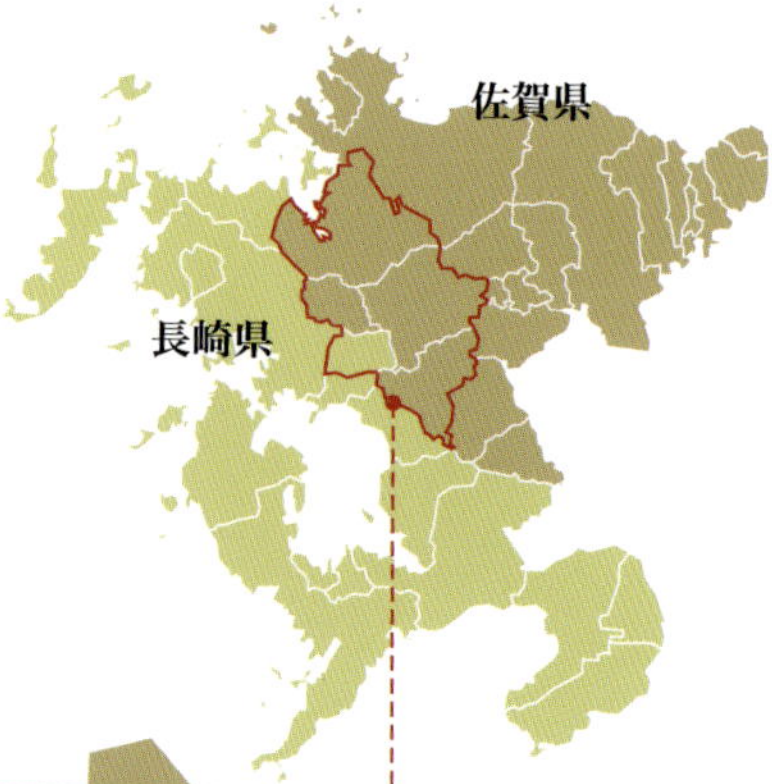
佐賀県
長崎県

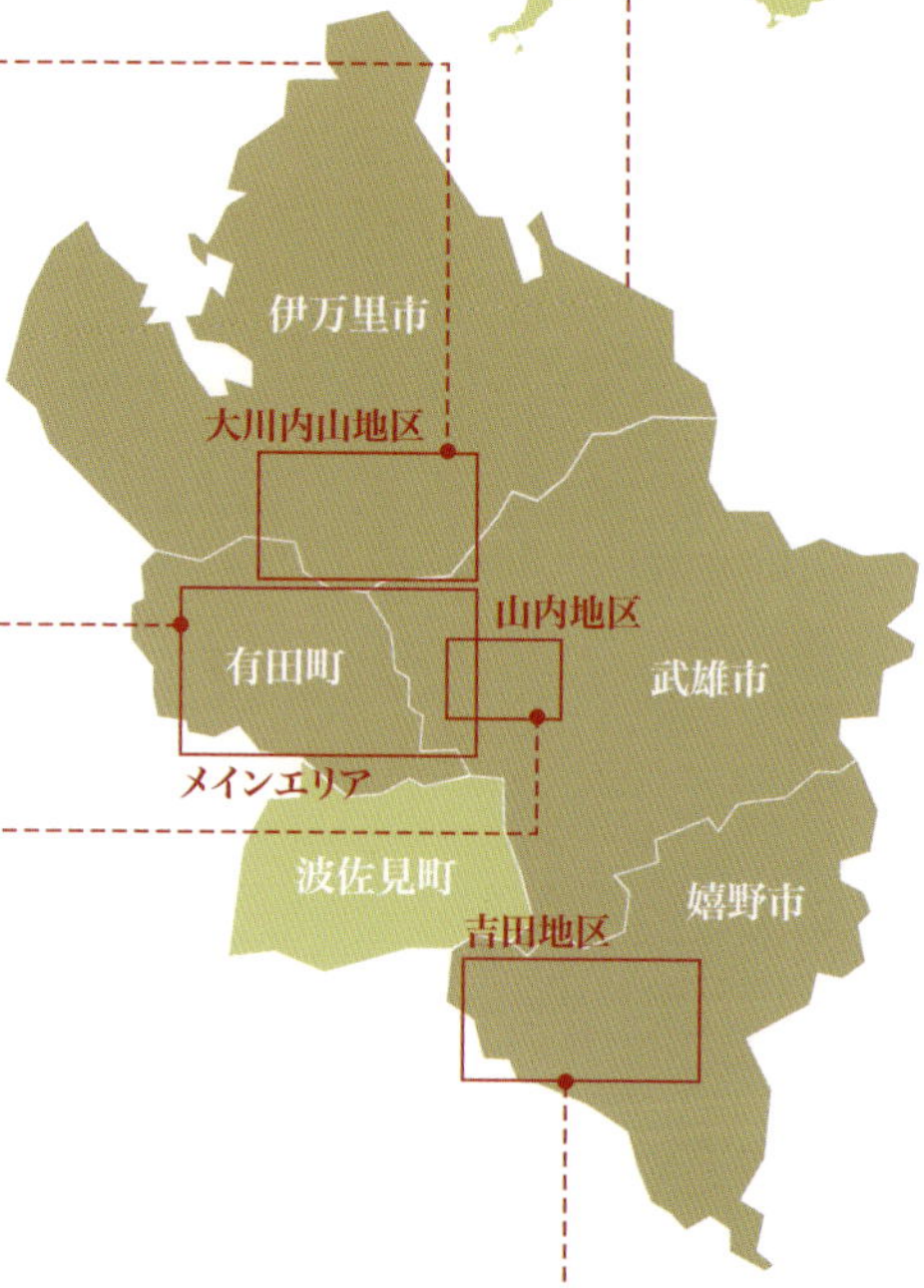
伊万里市
大川内山地区
有田町
山内地区
武雄市
メインエリア
波佐見町
嬉野市
吉田地区

P122
202
JR上伊万里駅
498
伊万里市役所
JR筑肥線
瀬兵窯
都川内ダム
26
251
ショップ 陶筥
鍋島藩窯公園
畑萬陶苑

257
257
P134
山内地区
26
45
JR三間坂駅
なな菜
伝平窯
そうた窯

P146
1
嬉野市役所
34
224 shop / saryo
41
6
224 porcelain
与山窯
副千製陶所
嬉野市立
吉田中学校

ARITA AREA MAP

有田焼の窯元は、実に広域にわたって点在、集積している。有田へ出かけるなら、地区ごとに窯元を巡るのがおすすめだ。有田町は上有田駅に近い内山地区、有田駅に近い有田駅地区、それより西に南川良原地区がある。窯元が最も多く集まるのは、有田駅より北に位置する赤坂・黒牟田・応法地区だ。

有田町を囲む地区にも、有田焼の窯元がある。伊万里市は大川内山地区、武雄市は山内地区、嬉野市は吉田地区と呼ばれる。それぞれに歴史や特徴が異なり、知れば知るほど有田焼が面白くなる。

内山地区

風情ある町家や洋館が並ぶ
メインストリート

上有田駅から歩いてすぐ。
有田陶器市のメインストリートにも使われる中心地。
国の重要伝統的建造物群保存地区に指定されており、
風情ある漆喰塗りの町家や洋館が建ち並ぶ。
トンバイ塀のある裏通りをそぞろ歩くのも楽しい。

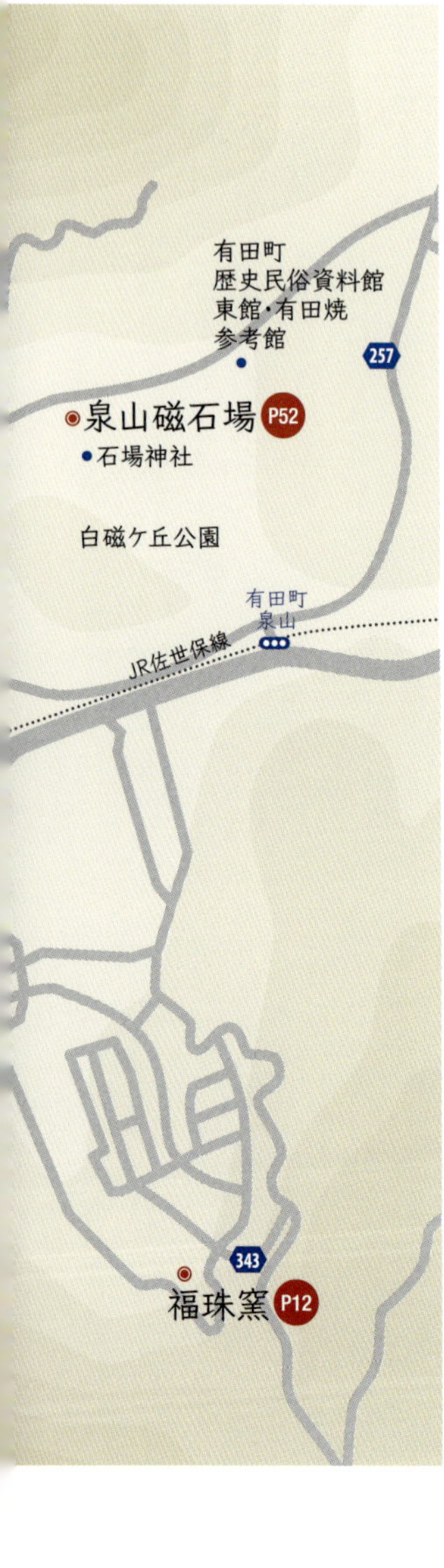

UCHIYAMA AREA MAP

福珠窯

福珠陶苑　福珠窯
佐賀県西松浦郡有田町中樽2-30-16
☎0955-42-5277
http://www.fukujugama.co.jp

ギャラリー、アウトレットショップ
営業時間／11：00～17：00　無休

右上／絵付けや焼成前に生地を整える　左上／モダンな作品が展示されたギャラリー　左／ゆったりとした広さの中庭　左頁／手前が福珠窯2代目の福田雅夫さん、奥が長男の福田雄介さん

先代創業の地で新たに出発
ショップとレストランでもてなす

中庭を囲むように、工房やショップ、ギャラリー、レストランが並ぶ福珠窯。この窯が焼くのは、しっとりとした磁肌に優しい染付の絵が載った豆皿だ。

凛とした話し方が印象的な福田雅夫さんは、福珠窯の2代目だ。ここは先代が窯を開いた創業の地であるが、一度、この地を離れていた時期がある。有田町がホテルや旅館、飲食店向けの業務用食器「割烹」の生産と供給に追われた１９６０年代、武雄市山内町に複数の窯元が共同でトンネル窯を築き、福珠窯は一度そこへ移った。この地へ再び戻ってきたのは、福田さんが窯を引き継いだ後の２００９年のことだ。

「ここは子供の頃の遊び場だった」と福田さん。原風景が彼を呼び戻したのだろうか。18歳で上京し、美術大学を卒業

FUKUJUGAMA

した後は、金物工場で働いた経歴を持つ。有田町へ戻ってきたのは25歳の時。「モノを作る楽しさにあらがえず、迷いなく窯を継ぐことを決めた」と言う。

「有田焼は間口が広くて、奥が深い」と福田さんは言う。若い頃は有田焼の良さに気付くことがなかったが、ある時、初期伊万里を知る機会があり、その魅力に取り憑かれた。「３００年前に作られたような風情のある器を作りたい」と思い、以来、初期伊万里様式を追求した。

そこでたどり着いたのが柞灰釉《いすばいゆう》だ。柞《いす》は九州に自生する樹木で、これを原料にした灰釉を使うと、初期伊万里によく似たしっとりとした磁肌が生まれる。「江戸時代に使われた釉薬はこれではないか」と福田さんは分析する。

古典に軸足を置きながらも、福田さんは現代の暮らしで使われることを強く意識する。「素材感があり、モダンに見えて、なおかつ伝統を感じられる焼物を作りたい」と話す。中でも、家庭用食器は「自分が本当に作りたいもの」で、福田さんらしい有田焼を表現している。

FUKUJUGAMA

福珠窯

左／家族で窯を運営する
下／たくさんの食器が並ぶアウトレットショップ

レストラン「茶寮 かぜのかまえ」
☎0955-29-8108
営業時間／11：30～14：00
　　　　月曜・木曜定休（祝日は営業）
※ランチコース2,130円（税別）のみ　予約制
（予約受付は前日の午前中まで）
※特別レッスンは要問い合わせ

上／木々に囲まれた階段を上るとレストランへ
下／ランチコースのスープと前菜

舌と目の両方で味わう 1日5組限定のランチコース

森を切り開いた地に建つ福珠窯には、いつも穏やかな時間が流れている。ギャラリーにはフランス料理のシェフと共同開発した食器など最新作や限定品を展示、ショップでは試作品やB級品を安く販売している。目移りしながら器を眺めていると、時が経つのを忘れそうになる。

レストランは1日5組限定の予約制。佐賀県産の新鮮な食材を使ったランチコースを、福珠窯の器に盛って供してくれる。季節を映したおいしい料理もさることながら、器を目で味わう楽しみも格別。

さらに福田さんの妻、雅子さんを講師にテーブルコーディネートやアジアンティーなどを体験できる特別レッスンもあり、希望者はランチの後に楽しめる。

福珠窯

①

FUKUJUGAMA

②

③

④

①染付伊万里山水豆皿

②染付伊万里芙蓉手豆皿

③染付伊万里花豆皿

④染付伊万里濃《だ》み菊豆皿

⑤染付植栽図（素描） 6cm エレメントプレート

⑥赤絵紅葉 6cm エレメントプレート

⑦染付植栽図（放射） 6cm エレメントプレート

⑧染付植栽図（濃み） 6cm エレメントプレート

＊写真はすべて原寸

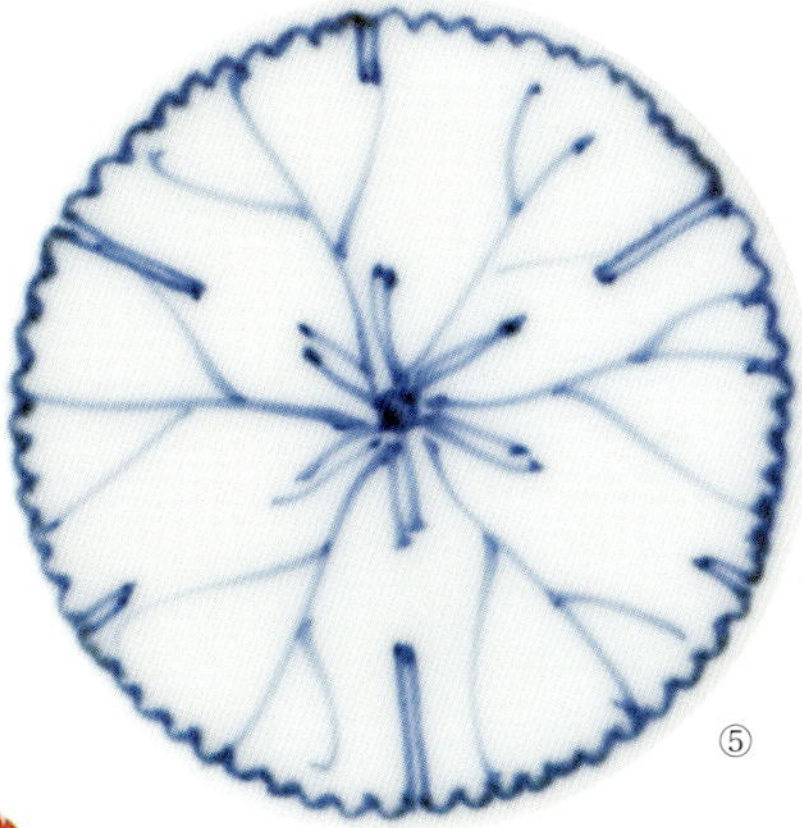

⑤

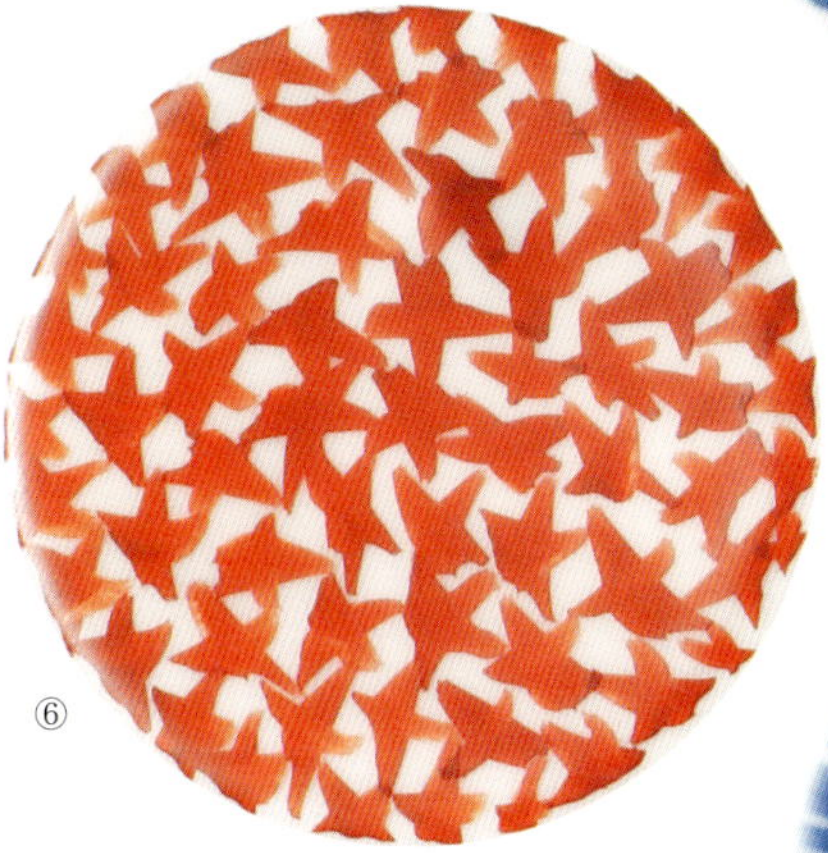

⑥

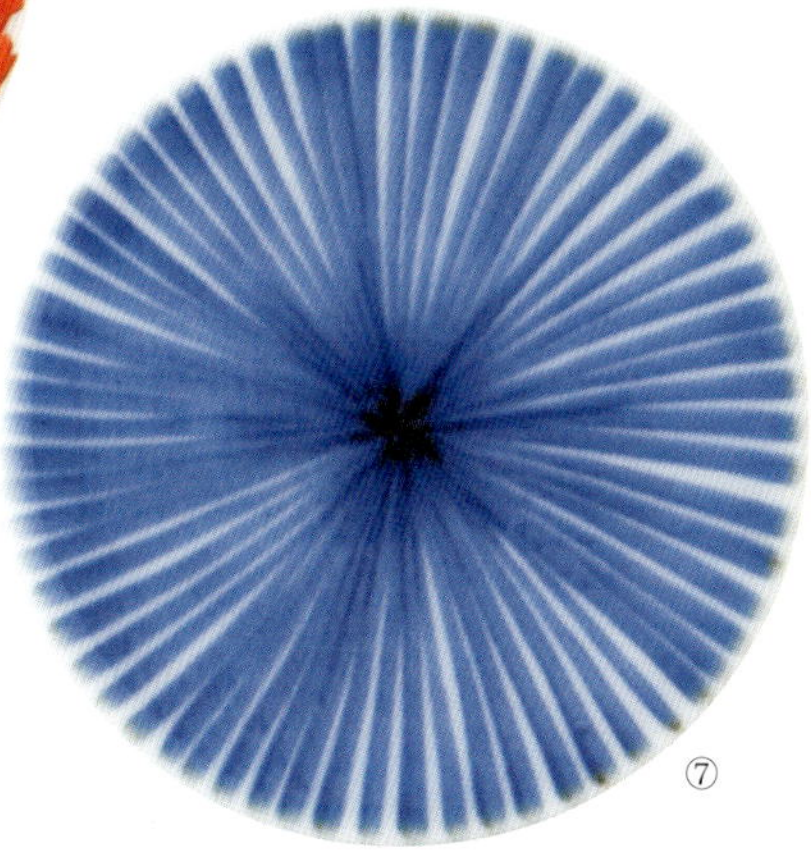

⑦

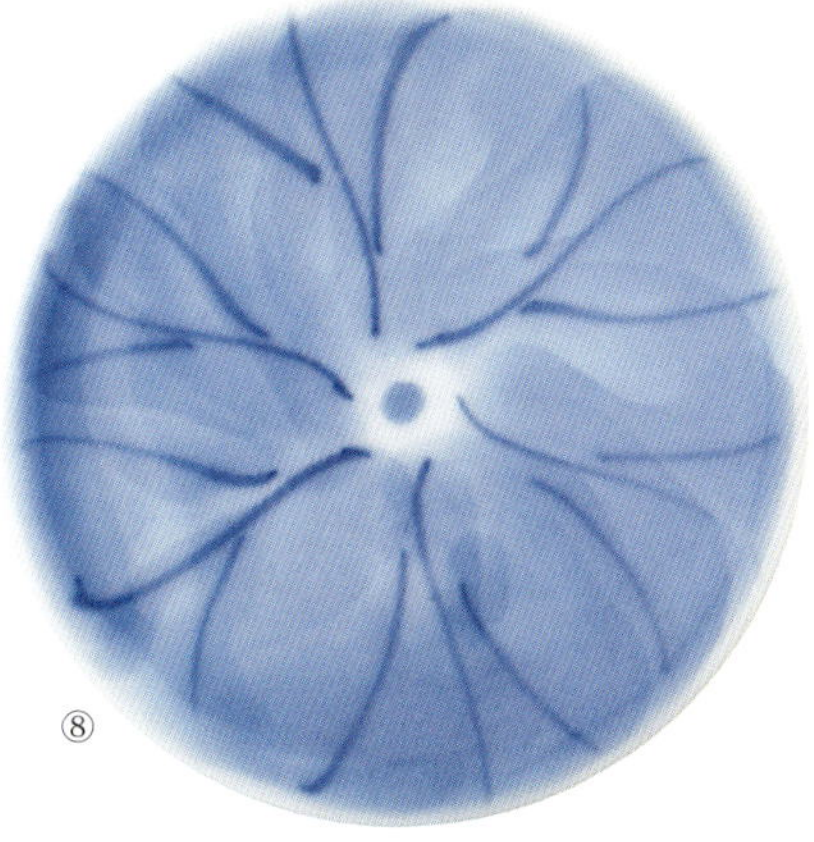

⑧

渓山窯

KEIZANGAMA

蕎麦の名店から注文が殺到
蕎麦猪口の名窯元

蛸唐草、丸紋、鳥獣戯画、くじらなど、ショップにずらりと並ぶ蕎麦猪口。その豊富な絵を眺めていると、ふと既視感を覚える。それもそのはず、渓山窯の蕎麦猪口は、全国の蕎麦店で採用されている名品なのだ。これまでになんと1400種類もの蕎麦猪口を制作したと言う。

渓山窯の2代目、篠原康年さんが蕎麦猪口に着目したのは1980年代。取引先の問屋に数十種類もの蕎麦猪口の注文が幾度もあり、蕎麦猪口への高いニーズに気が付いたと言う。

そこで有田陶交会が主催する都内ホテルでの展示会で「蕎麦猪口100選」という企画を打ち立て、大いに注目を浴びた。これを機に、婦人雑誌などで紹介される機会が増え、「蕎麦猪口と言えば渓

篠原渓山　渓山窯
佐賀県西松浦郡有田町大樽2-3-12
☎0955-42-2947
http://www.arita-keizan.com

直営店「うつわ処けいざん」
佐賀県西松浦郡有田町幸平1-1-3
☎0955-43-4533
営業時間／10：00～17：00
不定休(年末年始は要問い合わせ)
※有田陶器市期間中(ゴールデンウィーク)は、
食事と喫茶を提供

右頁・上／店頭に常時100種類は並んでいる、染付の蕎麦猪口　右頁・下／「けいざん」の看板が目印　上／渓山窯2代目の篠原康年さん　右下／本焼成した後に、上絵付けを施す　左下／蕎麦猪口のほか、家庭用食器が並ぶショップ

山窯」の評判が一気に広まった。

「蕎麦猪口は副菜を盛り付けたり、カップになったりと何にでも使えるところが魅力。作り手にとっては、絵で遊べるところがいい。最初は古陶磁の図録集から絵を引用していたのですが、そのうち古典柄の一部分を抜いたり、何かを付け加えたりと、自分でアレンジするようになりました。それを考える作業が楽しいんです」と篠原さんは話す。絵をアレンジする作業は、豆皿にも生きている。

先代は戦前、深川製磁で働いていたロクロの技能士だ。戦後もあちこちの窯元で修業した後に、渓山窯を開き、主に業務用食器を焼いた。子供の頃からその様子を見ていた篠原さんは、跡を継ぐことを自然と決めたと言う。

渓山窯の器の基本は染付で、上絵は「料理を盛るのに邪魔にならない程度」に施すだけ。「主役はあくまでも料理。料理をどれだけおいしそうに見せられるかを大事にしています」と篠原さん。その真摯な気持ちは、愛らしい蕎麦猪口や豆皿を通してでも伝わってくる。

①染付芙蓉手見込草花菊型３寸小皿
②染付蛸唐草松竹梅菊型３寸小皿
③染付牡丹菊型３寸小皿
④染付外濃蛸唐草山水菊型３寸小皿
⑤錦牡丹菊型３寸小皿
＊写真はすべて原寸

渓山窯

①

③

②

④

KEIZANGAMA

⑤

RISOGAMA

李荘窯

上／モダンな形が印象的な徳利　右／李参平の住居跡を偲ばせる碑　下／外から工房を覗く　左頁・右／土の中から現れた初期伊万里の陶片　左頁・左／李荘窯4代目の寺内信二さん

李荘窯業所　李荘窯
佐賀県西松浦郡有田町白川1-4-20
☎0955-42-2438
http://www.risogama.jp

ショールーム
営業時間／8：30～17：00
不定休（土日祝は要問い合わせ）

昔の陶片に技を学び 新たな表現に挑む

有田焼の陶祖と言われる、李参平の住居跡に開業した李荘窯。明治時代末期、１人の陶芸家が工芸指導者として有田焼産地に招聘されたのが、李荘窯の始まりだ。指導のかたわら、磁器彫刻を作っていたと言う。２代目以降は、当時の焼物の華だった業務用食器の生産に携わり、徳利や珍味入れ、盃などを焼いた。

４代目の寺内信二さんは東京の美術大学で工業デザインを学び、商社に数年勤めた後、有田町へ戻ってきた。当初は「有田焼は工業製品独特の冷たい感じがした」と言う。「もっと人の手の温もりが感じられるものを作りたい」と寺内さん。

そんな折り、同級生として親しくしていた14代今泉今右衛門の自宅へ正月に招かれる機会があり、そこで珍味が盛られた初期伊万里の器と対面した。

「それは１６３０年代頃の初期伊万里の器でした。展示品として見ることはあっても、自分の手に持ったのは初めて。形が歪んでいて、絵も稚拙で、見るからに下手なんですが、磁器でありながら温もりを感じられて、自分の中で急に腑に落ちました」と寺内さんは振り返る。

そして敷地内の土を掘り返すと、陶片がざくざくと現れた。それらをよく観察すると、有田焼の技の変遷が見て取れた。何よりも寺内さんが心を引かれたのは「４００年経っても色褪せることのない、染付の青だった」と言う。

それ以降は初期伊万里様式を必死で勉強し、独学でロクロの挽き方から絵付けまでを習得した。伝統に思いを馳せる喜びと苦心が豆皿にもにじむ。

古典の写しを基礎としながらも、現在は世界の一流シェフとのコラボレーションなどにも精力的に挑む寺内さん。土地の歴史を背負いながら、新しい有田焼の表現を探る日々である。

李荘窯

①

RISOGAMA

②

①染付山水富士文三寸平小皿
②染付海老絵三寸平小皿
③外濃宝袋三寸平小皿
④孔雀変形小皿
⑤渕錆松絵(裏に松葉)州浜形皿
＊写真はすべて原寸

④

③

⑤

今右衛門窯

上／２階で赤絵付けをしたことから、赤く染まった瓦が御用赤絵屋の名残をとどめる工房　左頁／普段はあまり用いない、黒絵を付けた唐人模様

IMAEMONGAMA

格調高い色鍋島様式を一子相伝で受け継ぐ

江戸時代、幕府への献上品を焼くための鍋島藩窯で、最も技術の優れた御用赤絵師として活躍した今泉今右衛門。明治時代以降は10代今泉今右衛門が本窯を築き、一子相伝で受け継いだ赤絵の秘法を生かして、色鍋島様式をはじめ江戸時代の手仕事を残した制作に取り組んでいる。

物腰が柔らかな14代今泉今右衛門さんは、静かな口調で、「焼物の魅力はたなごころ感」と話す。「それは手に持った時の感覚のこと。日本人はそのおかげで、物を大切にする心を育んできました。もし職人の手仕事がなくなれば、暮らしの中の手の文化も失われてしまいます」

特に豆皿に絵付けをする時は、「手に載せて描くので、物との距離が近い分、気持ちが引き締まります。大きな皿に描く時よりもよほど神経を使うんです」と作り手の心情を明かす。

14代今泉今右衛門を襲名したのは２００２年。２０１４年には先代と同様に、色絵磁器の重要無形文化財保持者（人間国宝）に認定された。陶芸家として最年少の人間国宝の登場である。

「色鍋島様式が持つ品格を大切に、そのうえで自分らしい表現を探している」と14代今右衛門さん。色鍋島様式を継承するだけでなく、鍋島藩窯で用いられた、染付の中に白抜きの文様を作る「墨はじき」という技法を発展させた「雪花墨はじき」などの作品作りにも意欲的に取り組んでいることで知られる。

「伝統はただ受け継ぐものではない。代々が一所懸命に取り組み、積み重ねていくもの。常に時代に立ち向かう心が必要です。有田焼がまさにそうだったからこそ、産地として生き残れたのだと実感します」と14代今右衛門さんは話す。

「１００年前の物を見れば、１００年前の暮らしを思い浮かべられるように、焼物を通して当時の職人の手仕事を想像することができます。歴史の大切さはそこにあります。私も数年前から、有田焼

今右衛門窯

右頁／14代今泉今右衛門さん　上／1830年に建てられた有田町で最も古い建物である今右衛門窯

IMAEMONGAMA

４００年の歴史を意識しながら仕事をするようになりました。多くの人々が作り続けてきたおかげで、今も多くの技術が残っています。大変にありがたいことだと思います」

一方で、「有田焼を伝える機会をもっと作らないといけない」と14代今右衛門さんは危機感を募らせる。

「かつて武将が名物の茶碗と城を交換したという逸話があるほど、焼物には日本人独特の価値観があるものです。それを外国に向けて伝えると同時に、国内に向けても伝えたいんです」

その表情には、有田焼を代表する1人の職人としての強い意志が宿っている。

今右衛門窯
佐賀県西松浦郡有田町赤絵町2-1-15
☎0955-42-3101
http://www.imaemon.co.jp

直営店
営業時間／9：00～17：00
第1日曜定休
12月30日～1月5日休み
8月15日と16日休み

今右衛門窯

①

IMAEMONGAMA

②

①色鍋島唐人文皿
②色鍋島瓔珞文皿
＊写真はすべて原寸

宮内庁御用達の技が生きる
正統派有田焼

TSUJIHITACHIGAMA

辻常陸窯

まるで近世にタイムスリップしたかのように重厚な門構えをくぐると、辻常陸窯はある。ここは日本で最初に染付磁器を宮中に納めた禁裏御用窯元だ。それを証明するように、工房を訪ねると常人は目にすることがない、菊の御紋入りの食器が大切に保管されている。

「禁裏御用となったのは、江戸初期から。明治時代以降は宮内省御用達として、磁器を代々納めてきました」と15代辻常陸さんは言う。明治初期には11代がいくつかの窯元と共に、香蘭社の創設にも携わった。そして１８７６年のフィラデルフィア万国博覧会に大花瓶を出品し、金賞を受賞するという名誉を得た。

その後は香蘭社から離れ、新たに精磁

会社を創設する。欧米に向けた優美な洋食器を生産するが、わずか10年で幕を閉じたことから、その作品は「幻の明治伊万里」とも言われている。

そして戦後まもなく、先代が現在の辻精磁社を設立。江戸初期から守ってきた辻常陸窯の名で、独占ではなくなったものの、宮内庁御用達として様々な注文を受けている。その一方で、花瓶や香炉、水差しなどの美術工芸品や一般食器を百貨店向けに生産している。

江戸時代より宮中に納める物には、常に最高の技と品質が求められた。それゆえ厳選した材料、優美な筆致、特殊な焼成方法など、辻常陸窯は長きにわたって努力と工夫を重ね、格調高い染付の美を追求してきた。「御用窯元に一切の妥協は許されない」と辻さんは言う。

そんな宮内庁御用達が産地にひっそりと息づいていることが、有田焼の奥の深さとも言える。かつて市場に出回ることさえなかった、正統な染付技法による器を、今では手に入れることができる。豆皿で、その幸せを噛みしめたい。

辻精磁社　辻常陸窯
佐賀県西松浦郡有田町上幸平1-9-8
☎0955-42-2411

ショールーム
営業時間／9：00～17：00　不定休

右頁／右が15代辻常陸さん、左が長男の辻浩喜さん　右上／有田町を象徴するトンバイ塀で囲まれた辻常陸窯　右下／美術工芸品の1つ、花瓶に下絵付けをする　上／十六葉八重表菊を配した、禁裏御用の染付磁器

②

①

TSUJIHITACHIGAMA

④

③

辻常陸窯

①染錦萩文小皿(八角)
②染錦えんどう文小皿(八角)
③染錦白鷺文小皿(八角)
④染錦桔梗文小皿(八角)
⑤染錦撫子文小皿(八角)
⑥染錦薊文小皿(八角)
＊写真はすべて原寸

⑥

⑤

香蘭社
KORANSHA

精緻なデザインと品質を貫く 有田焼の老舗メーカー

白磁に赤い蘭の花、深い瑠璃色を差した優美なデザインが豆皿に映える——。

全国百貨店の陶磁器売場で必ず目にするのが、香蘭社の食器だ。香蘭社は全国に知られた、有田焼を代表するメーカーの1社である。

香蘭社の社長を代々務める深川家の祖先は、江戸初期に有田町に移り住み、窯業資材を商った後に窯を開いた。明治時

右頁／緑色の下絵具を振り掛け、施釉作業を待つ　上／カップの縁に金色の加飾を施す　下／看板を目印に訪れたい有田本店

香蘭社
佐賀県西松浦郡有田町幸平1-3-8
☎0955-43-2131
http://www.koransha.co.jp

有田本店
☎0955-43-2132
営業時間／平日8：00～17：30
土日祝9：30～17：00　無休

香蘭社

上／香蘭社8代目社長の深川祐次さん　左／釉薬を掛ける作業

代に入り、１８７０年には焼物技術を応用して、電柱の「絶縁碍子《がいし》」の国内生産に取り組み、近代国家の発展に貢献した。

香蘭社の創設は１８７５年。深川家をはじめとする、有田焼の窯元や陶器商４人が資金を出し合い、欧米と肩を並べる窯業メーカーを目指して会社を築いた。

１８７９年に香蘭社は一度解体するが、その後に香蘭社の名を継いで事業を続けたのが、深川栄左衛門だった。戦時中は海軍の指定工場となり、カレー皿などの洋食器を納めたと言う。戦後は百貨店を中心に家庭用食器を販売し、多くのファンを獲得した。

８代目社長の深川祐次さんいわく、香蘭社の商品の特徴は、古伊万里様式、柿右衛門様式、鍋島様式の３様式の融合である。「いいとこ取り」と深川さんは気負いなく言うが、そこには優れた編集力がある。有田焼が持つ上品さ、艶やかさ、温かさがバランス良く備わっているからこそ、多くの人々の心を打つ。

生産においては「精緻なデザイン、精緻な品質を心がける」と言う。陶土は１

右／丁寧に窯詰めをする　下／有田本店の1階はショップ、2階は古陶磁が見られる展示室

等級の「選上《えりじょう》」をブレンドし、磁肌の白さを調整。赤色は自社調合した、やや朱色寄りの「花赤」を使用する。そして香蘭社の命である瑠璃色は、絵付けの絵具としても使用する酸化コバルトを釉薬の中に混ぜ込んで、釉薬の厚みによって深みのある色を表現する。長年の技術開発を基にして、深く透明感のある瑠璃色の製品を作り続けているのだ。

このように独自の生産方法を守り品質管理を徹底して行うことで、「精緻なデザイン、精緻な品質」は保たれている。

「今後は、コラボレーション商品に力を入れたい」と深川さんは話す。現在、香蘭社は他業種のメーカーと手を組み、万華鏡や万年筆、タオル、時計、照明など、インテリア全般の商品開発にも取り組んでいる。もはや「香蘭社様式」と言ってもいいほど独自の世界観を築き上げたゆえに、他業種からコラボレーション商品の打診が多くあるのだ。

香蘭社はテーブルウエアにとどまらない、有田焼の新たな境地を見せてくれる。

①

②

香蘭社

KORANSHA

①うさぎ小皿
②オーキッドレース小皿
③赤濃瓢だ円小皿
④梅豆皿
*写真はすべて原寸

③

④

深川製磁

職人1人ひとりの技が冴える
モダンデザインの最高峰

「伝統技術を駆使してモダンデザインやアートを表現したい」と強く語る、深川製磁の4代目社長、深川一太さん。現在、深川製磁が抱える職人は約100人、うち7人もの国認定の伝統工芸士がいる。優れた腕を持つ職人が同社をいかに支えているかを物語る。

「1人の職人がいなくなることは、1つの技法がなくなることに等しい。例えば絵付け職人は自分で良い筆を買って、自分に合うように筆先を切って、自分自身で腕を磨きます。職人とはそういうもの。職人1人ひとりの技が深川製磁の個性を作っているんです」と深川さん。

深川製磁は1894年、深川忠次により創設された窯だ。1900年のパリ万

FUKAGAWASEIJI

右頁／大花瓶に濃《だ》みで下絵付けをしているところ
右下／深川製磁4代目社長の深川一太さん　下／
有田町の風景の一部でもある、深川製磁本店の外観

深川製磁
佐賀県西松浦郡有田町原明乙111
☎0955-43-2151
http://www.fukagawa-seiji.co.jp

深川製磁本店
佐賀県西松浦郡有田町幸平1-1-8
☎0955-42-5215
営業時間／9：00～17：00　無休
（ただし12月30日～1月2日休み）

深川製磁

国博覧会には高さ2メートル一対の大花瓶を出品し、最高金賞を受賞。1910年には宮内省御用達となった。その当時に評価された高い工芸技術と洗練されたデザインは、今も同社の職人たちに引き継がれている。

「古伊万里様式、柿右衛門様式、鍋島様式の3様式のみを有田焼と言ってもいいものでしょうか。私は数百年前の技術を使って、いかに焼物を現代化するかに力を入れています。つまり守り続けるのではなく、革新し続けたいのです」と深川さんは続ける。豆皿のデザインにも、そうした姿勢が表れている。

例えば先代の頃のヒット商品をあえて廃番にするなど、大胆な方策もやってのけるのが深川さんだ。「新しい表現を考える時は、正体がなくなるまでお酒を飲みます。そうすると、ふっとアイデアが下りてくるんです。理性が働いているうちは新しいものは生み出せません」

今後の展望についてはこう話す。「世界に向けて深川製磁をブランディングしていくと同時に、国内ではお客様がきち

FUKAGAWASEIJI

右上／自社で絵具を撹拌し調色している　左上／工房は小川で仕切られている　右／絵具はもとより生地、釉薬までも自社制作する　上／1350度の高温で焼成する

んと見える直営店で商品を伝えたいと思っています。理想は駅前の〝茶碗屋さん〟。都市は最寄り駅から自宅までが生活文化圏なので、その中でパン屋のような存在でありたいですね。焼物は生活に密接に関わっているものだから」

急進的でユニークな姿勢が、深川製磁の原動力となっている。

初代作品から最新作まで
見応えたっぷりのギャラリー

深川製磁は上有田駅近くに本店を構えるほか、西へ外れた場所に本社と「チャイナ・オン・ザ・パーク」を構えている。「チャイナ・オン・ザ・パーク」には深川忠次の作品などが展示された「忠次舘」やアウトレットショップ、レストランがある。緑に囲まれた広大な敷地は、のんびりと散歩するのに最適。有田町を訪れたら、ぜひ足を向けてほしい。

上、左／「チャイナ・オン・ザ・パーク」の「忠次舘」。明治時代にパリ万国博覧会に出品して以降、門外不出の大花瓶も見られる。2階にはカフェがある

チャイナ・オン・ザ・パーク
佐賀県西松浦郡有田町原明乙111
☎0955-46-3900
営業時間／9：00～17：30　火曜定休
（アウトレットショップ「瓷器倉」のみ火曜も営業）
12月30日～1月1日休み

深川製磁

③

FUKAGAWASEIJI

①

②

瑠璃染ひさご三つ組皿
①瑠璃染(一) ひさご小皿
②瑠璃染(二) ひさご小皿
③瑠璃染(三) ひさご小皿
*写真はすべて原寸

今村製陶

上／風情ある町屋を改装した直営店　左／暮らしの一風景を思わせる店内の什器　左下／型の元となる石膏原型も自社製作する。これはその製作器具

IMAMURASEITOU

陶土を根本から見直し生成りの白を作り上げる

まるでアンティークの磁器のような、柔らかい白が特徴の豆皿。今村製陶のブランド「JICON」は、普段よく目にする有田焼とは趣が少し異なる。

今村製陶は2014年に設立されたばかりの窯元だ。代表の今村肇さんは、陶悦窯当代の弟で、以前は兄と共に陶悦窯を切り盛りしていた。元々、JICONは陶悦窯で立ち上げたブランドである。

ブランド立ち上げから3年後、JICONをしっかりと育てていくために、今村さんは独立した。JICONとは「磁今」と書き、「今村家が作る磁器」という意味と、仏教用語の「爾今（今を生きる）」という意味がある。まさに、今村さんは今日の有田焼を創り出そうとしている。

今村製陶
佐賀県西松浦郡有田町岩谷川内2-4-13
☎0955-43-4363
http://www.jicon.jp

直営店「今村製陶 町屋」
営業時間／10：00 ～ 17：00　不定休

上／今村製陶の今村肇さん・麻希さん夫妻。麻希さんが直営店を切り盛りする　右／デザートの盛り付けに最適な「デザートカップS」

ＪＩＣＯＮは首都圏を拠点とするデザイナー、大治将典さんと共に生み出したブランドだ。「大治さんと話をする中で、自分が本当に作りたい焼物が見えてきた」と今村さんは言う。それは単に色や形といったことではなく、作り手としての生き方に近かった。「自分にとってリアルでないものは作るべきではないとアドバイスされ、自分が欲しいものに絞ってモノ作りを考えるようになりました」

そこで素材と焼成法を根本から見直した。コンセプトを「素材感のある暮らし」とし、「生成りの白」の器を目指した。具体的には有田焼ではあまり使われない等級の低い陶石をあえて使い、脱鉄処理をして、陶土を独自にブレンド。通常、１３００度の温度で還元焼成するところを、１２４０度の低い温度で酸化焼成して磁器を作っている。

釉薬は藁灰を原料に、器の表面にあえてざらつきが残るように仕上げた。そうすることで漂白されたような白ではなく、自然な白が生まれる。この生成りの白は、有田焼の常識に対する挑戦の証なのだ。

今村製陶

①

①箸置き二葉《ふたば》2個入り
②箸置き沢瀉《おもだか》2個入り
③箸置き剣《つるぎ》2個入り
＊写真はすべて原寸
＊箸は非売品です

②

IMAMURASEITOU

③

泉山磁石場

採掘場の中から外を見る(※許可のない立ち入りは禁止)

有田寄り道コラム

風景編

日本で初めて磁器を焼いた聖地を訪れる

窯元巡りの道すがら、有田町を訪れたら一度は見ておきたいのが泉山磁石場だ。ここが有田焼の起こりの地である。

歴史をひも解けば、安土桃山時代、豊臣秀吉による朝鮮出兵の際に、鍋島藩が朝鮮半島から多くの陶工を連れて帰った。

有田焼の陶祖、李参平像

そのうちの1人が、後に有田焼の陶祖と呼ばれる李参平である。李参平は日本で白磁を作りたいという思いから、磁器の原料を求めて長らく山中を探索する。そしてついに見つける——。その場所が泉山磁石場だった。

それまで日本各地の窯で焼いていたのは陶器である。李参平が磁器に適した良質の陶石を発見したことで、日本に焼物の大変革が起こったのだ。

１６１６年、李参平が泉山陶石を使い、日本で初めての磁器を焼いた。これが有田焼の始まりと言われている。以後、泉山磁石場の岩石を少しずつ削り、昭和初期まで泉山陶石が有田焼の原料に使われた。ここはまさに日本の磁器の発展を下支えした聖地だ。遠目からでも、むき出しの白い岩肌を眺められる。

泉山磁石場の近くには、李参平が密やかに祀られている。４００年の悠久の時に思いを馳せる一場面だ。

IZUMIYAMAJISEKIBA

泉山磁石場

佐賀県西松浦郡有田町泉山1-5

むき出しの白い岩肌がそのまま残る

陶山神社

珍しい磁器製の鳥居。細やかな唐草模様が染付されている

TOUZANJINJYA

陶山神社
佐賀県西松浦郡有田町大樽2-5-1

陶山神社の全景。夕方に訪れても風情がある

磁器で作られた鳥居!?
有田焼陶祖の神を祀る

泉山磁石場のほかに有田町の名所と言えば、陶山神社だ。「有田焼陶祖の神」と呼ばれ、有山焼の窯元や商人および有田町の住民を守護する神として祀られている。ユニークなのは、唐草模様が染付さ

TENGUDANI
KAMAATO

天狗谷窯跡

土にたくさん埋まる陶片が窯跡を物語る

天狗谷窯跡の碑

斜面は階段になっているので頂上まで登れる

天狗谷窯跡
佐賀県西松浦郡有田町白川

れた鳥居をはじめ、狛犬、大水鉢、欄干などが磁器製であること。その様子は圧巻！　長い長い階段を上って、有田焼の神様にそっと手を合わせよう。

　陶山神社より北に位置する丘に、李参平ゆかりの窯、天狗谷窯跡がある。「泉山で陶石を発見した後、水と薪の調達に便利だった白川天狗谷に窯を築いた」と李家の文書に記されていると言う。

　全長50メートル以上もある、山の斜面を利用した登り窯で、現在は公園として開放されている。頂上まで登れば、眺めは爽快。注意して足下を見ると、初期伊万里の陶片がところどころに埋まっているのが分かる。泉山磁石場と共に、有田焼の起源を知るには絶好の場所だ。

有田駅地区

有田駅からすぐ
美術館や観光施設を堪能できる

有田駅を中心とした地区。
佐賀県立九州陶磁文化館をはじめ、
大きな美術館や観光施設があり、
有田焼の歴史を学んだり、
体験したりするには最適な場所だ。

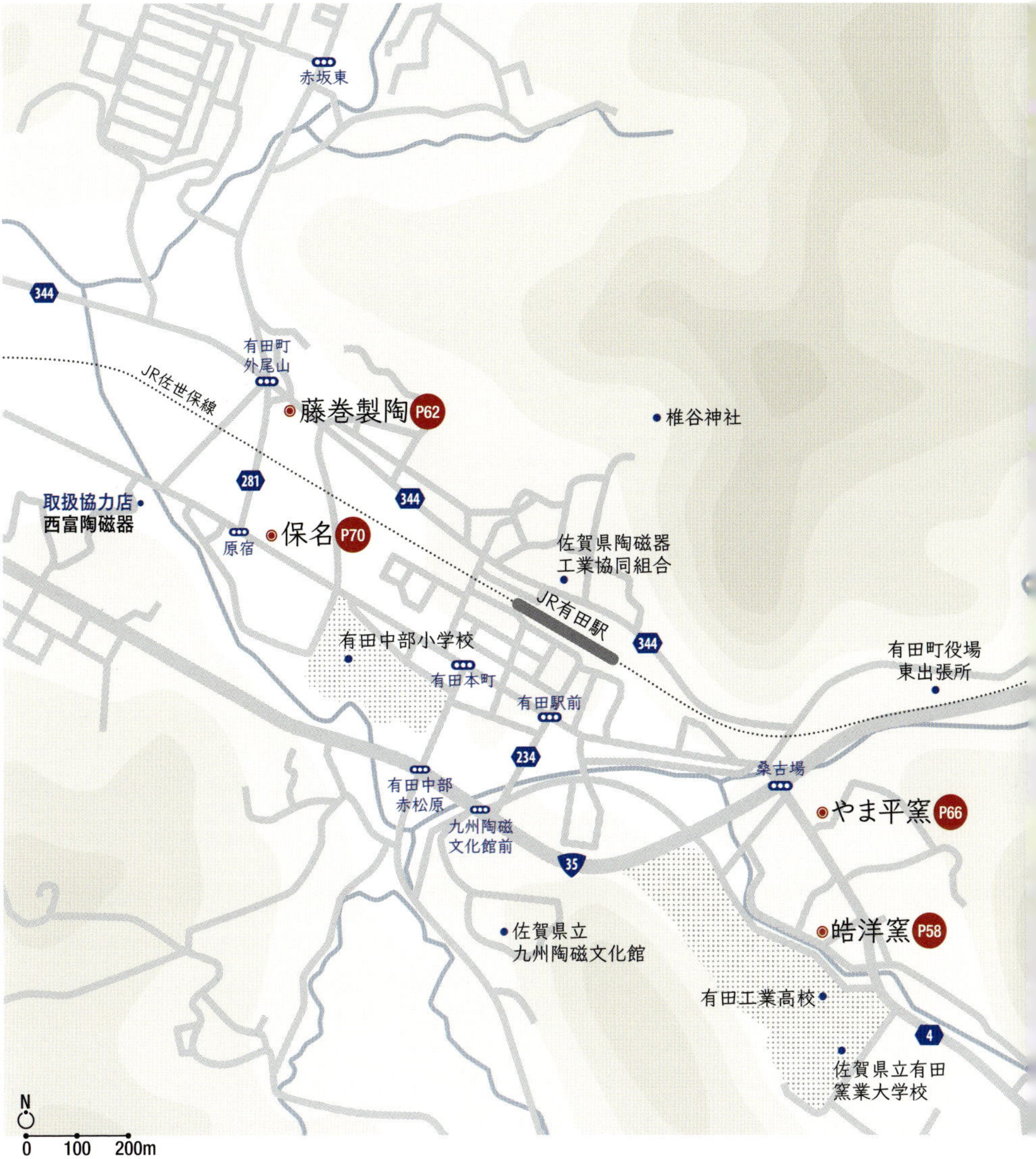

ARITAEKI AREA MAP

皓洋窯

KOUYOUGAMA

皓洋窯
佐賀県西松浦郡有田町桑古場乙2380-1
☎ 0955-42-2762
http://www.kouyougama.co.jp

直営店
営業時間／ 9：00 ～ 17：00
不定休（土日祝は要問い合わせ）

目指すは暮らしに寄り添う普段使いの食器

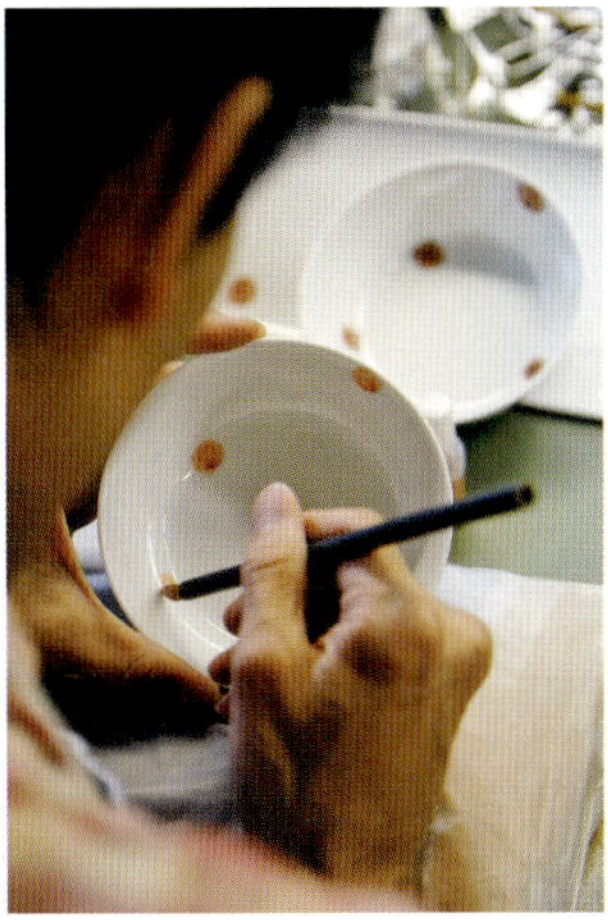

右頁／直営店の前にて、皓洋窯3代目の前田洋介さん・美樹さん夫妻　右／赤の絵具で上絵付けをしているところ　下／優しい雰囲気の豆皿がいっぱい　左下／窯元の目印である砥草が生け垣になっている

小川を挟んで有田工業高校のグラウンドが広がるのどかな一画。砥草《とくさ》が生い茂る庭に入ると、屋根から煙突が顔を覗かせる一軒家が現れる。皓洋窯の直営店は、ほのぼのとした温かな空気に包まれている。豆皿をはじめ、小鉢、皿、カップ、箸置きなど、店頭に並ぶ食器類が気取らず普段使いの顔をしているためか。

現在、工房と直営店を運営するのが、皓洋窯3代目の前田洋介さん・美樹さん夫妻だ。店に漂うほのぼのとした雰囲気は、まさに夫妻の人柄そのものでもある。

皓洋窯の創業は1947年。大手陶器メーカーに勤めていた初代が有田町に戻り、窯を開いた。当時は徳利や盃などの業務用食器を生産し、2代目からは家庭用食器も生産するようになった。さらに手ひねりの磁器にも挑み、手仕事の跡が残る仕上げにして、味わいのある作風で新たな客層をつかんだ。

前田さんが窯の仕事に携わり始めたのは1998年からだ。″作れば売れる時代〃はすでに過ぎ去り、量よりも質、商品の付加価値が問われる時代になっていた。そこで前田さんが取り組んだのが染付の食器だ。

「自分がいいと思う雰囲気の絵付けを施して、下手でも味があるものを作ろうと考えました」と前田さんは話す。皓洋窯には絵付け師が2人おり、手描きの温かみが伝わるように作っていると言う。商品開発のヒントは、前田さん夫妻の普段の暮らしの中に隠れていることが多い。

「有田焼には高級品もたくさんあるけれど、私たちが目指すのは暮らしに寄り添う食器。普通に暮らすお客様が買いやすい価格で、普段使いできる食器を目指しています」と美樹さんは話す。気負わず、自然体でモノ作りをする。その姿勢が皓洋窯の魅力につながっている。

②

①

③

皓洋窯

KOUYOUGAMA

①染付木の葉そりボウル(小)
②染付サビリーフそりボウル(小)
③うずめだか丸小付
④濃小花菊割豆皿
⑤錦剣先小花菊割豆皿
⑥染付なすび楕円豆皿
⑦ゴスサビ十草リム楕円豆皿
⑧染錦丸紋つなぎ楕円豆皿
＊写真はすべて原寸

⑤

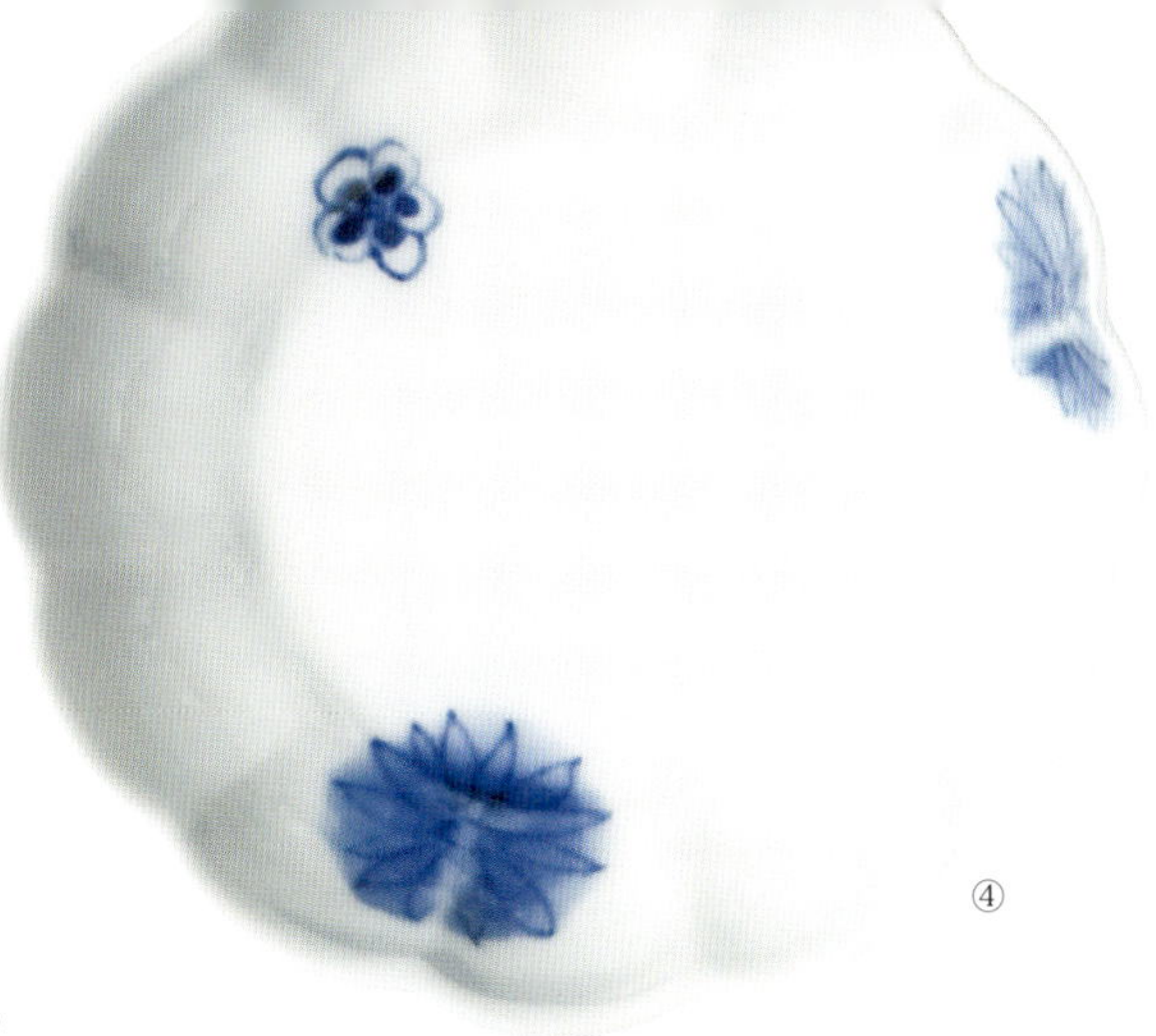

④

⑥

⑧

⑦

藤巻製陶

右上／庭には代々残る窯の煙突がある。円筒型は今では珍しい　左上／素焼きした生地がたくさん並ぶ　下／工房の2階には、自社製作の型が山のように保存されている　左頁・右／手前が藤巻製陶9代目の藤本覚司さん。奥が長男の藤本浩輔さん　左頁・左／成型した生地を乾燥させる

藤巻製陶
佐賀県西松浦郡有田町外尾山丙1804
☎0955-42-3012

ショールーム
営業時間／10：00～16：00　土日祝定休

FUJIMAKISEITOU

淡い発色の青白磁で
磁器の魅力を新たに生む

ピンクやブルー、紫、黄色など、白磁に淡くまとった色とりどりの釉薬。ガラスのように艶やかで透明感があるのが藤巻製陶の豆皿だ。この独特なグラデーションは「結晶釉」という技法で表現される。「固い磁器をいかに柔らかく見せられるかにチャレンジしている」と藤巻製陶の９代目、藤本覚司さんは話す。

藤巻製陶は１７６６年に創業した老舗の１つで、代々、家庭用食器を生産してきた。かつて高度経済成長期にはホテルや旅館が大きく成長し、業務用食器への需要が高まり、有田焼産地は好景気に沸いた。

しかし藤巻製陶は時流に乗ることはなかった。「何か自分らしい焼物で勝負しよう」と独自の表現を探ったのだ。そこで見つけたのが青白磁だ。青白磁とは白磁の生地に青みを帯びた釉薬をかけたもので、元々、中国にある白磁の一形態である。有田焼でよく見る濃い色みの青磁に比べ、ふわりと柔らかな印象がある。色とりどりの結晶釉は、ここから発展した。

「青白磁は通常よりも釉薬のガラス質が厚くなるので、生地を薄く焼いて厚みを感じさせないように工夫しています。そのうえ釉薬が厚くなると割れやすくなるので、技法としては大変難しい」と藤本さんは解説する。それでも青白磁や結晶釉に挑むのは、ほかの窯元では到達できない独自の価値を生み出せるからだ。

もう１つ、藤巻製陶が挑んでいるのは型や生地を自社で作ること。「生地メーカーでは実現できない形状で個性を表現しています。有田焼と言うと絵付けが一般的ですが、うちの窯は絵を一切描かない。絵を描かずに磁器の価値を上げることは、本当に難しいんですよ」と藤本さん。この淡い発色は、高い境地に至った窯が生み出した魅力なのである。

FUJIMAKISEITOU

藤巻製陶

①銀杏型手塩皿白磁
②銀杏型手塩皿青白磁
③プラティボウル(S)グリーン
④プラティボウル(S)ピンク
⑤プラティボウル(S)パープル
⑥プラティボウル(S)オレンジ
⑦プラティボウル(S)ブルー
＊写真はすべて原寸

①

②

③
④
⑤
⑦
⑥

YAMAHEIGAMA

やま平窯

やま平窯元　やま平窯
佐賀県西松浦郡有田町桑古場乙2267-1
☎0955-42-2459
http://www.yamaheigama.co.jp

ショールーム
営業時間／9：00～17：00
不定休（土日祝は要問い合わせ）

伝統技法から生み出した欧州風モダン食器

都内の商業施設や外資系ホテルの、レストランや客室アメニティー用食器などを多く生産しているやま平窯。焼物の最新トレンドを下支えしている窯である。そのノウハウを生かして、3年前にやま平窯は家庭用食器ブランド「Y's home style」を立ち上げた。Yには窯の頭文字と、家で「ゆるりと食事してほしい」というメッセージが込められている。

Y's home styleのコンセプトは「和、シンプル、モダン」。和は外国人の目から見た和テイストだ。「こうしたコンセプトは有田焼が最も弱かったところなので、攻めてみました」とやま平窯の2代目、山本博文さんは話す。

例えば17世紀オランダのデルフト市で東洋磁器に憧れて作られた磁器を再現し、乳白色のマットな釉薬を載せた「オランダシリーズ」。黒い釉薬や、表面にプラチナを施した金属のような質感の「イタリアシリーズ」など、欧州の食器にヒントを得た、ユニークな豆皿やボウル、カップがそろう。いずれもクラフト感のある仕上げが特徴だ。

一見、有田焼とは思えない印象を受けるが、実は有田焼の伝統技法を基にモダンにアレンジした商品ばかりなのだ。

また、看板商品の1つが「エッグシェル」シリーズである。これは中国から伝わり、有田でも焼かれた「卵殻手《らんかくで》」という技法の再現だ。透光性の高い土を配合し、生地を極力薄く成形することで、厚みわずか1ミリの卵の殻のように薄いグラスシリーズを作り上げている。

トレンドを上手く取り入れることで成功したやま平窯だが、かつては苦しい時期もあった。その時に突破口となったのは、新しい分野へのチャレンジ精神だ。やま平窯は、伝統を守るだけでなく、挑戦する有田焼の姿を見せてくれる。

右頁・上／指が透けて見えるほど薄く、透光性がある「エッグシェル」　右頁・下／上絵付けをしているところ　左／書道家とコラボした「エッグシェル書」シリーズ　下／やま平窯2代目の山本博文さん

①
②
YAMAHEIGAMA
③

やま平窯

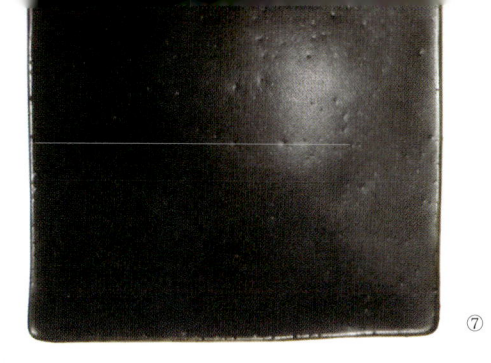

⑦

⑧

⑨

④

⑤

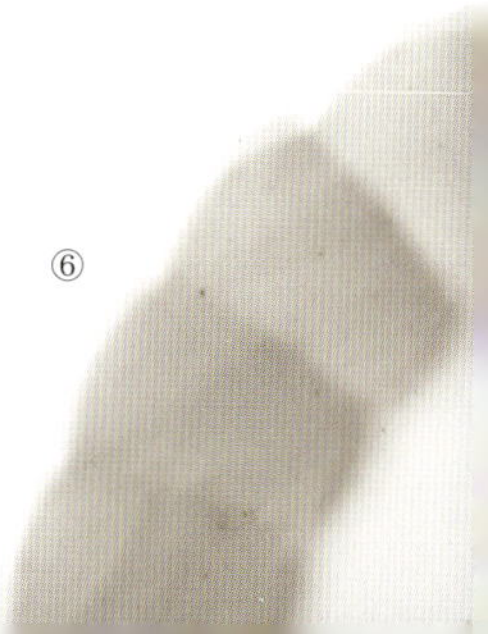

⑥

①オランダ小皿
②イタリアピューター小皿
③イタリア小皿
④イタリアピューター菊割小皿
⑤イタリア菊割小皿
⑥オランダ菊割小皿
⑦イタリア角豆皿
⑧オランダ角豆皿
⑨イタリアピューター角豆皿
＊写真はすべて原寸

有田寄り道コラム

お食事編

NIHONRYORI YASUNA

日本料理　保名

上／陶箱弁当2,315円（税別）　左／保名2代目の西山保広さん・智子さん夫妻　左頁・右／棚には古陶磁コレクションが並ぶ　左頁・左／広い駐車場と風情ある建物が特徴

日本料理 保名
佐賀県西松浦郡有田町本町丙833-4　☎0955-42-2733
営業時間／11：30～15：00、17：00～21：00　不定休

有田焼の器に盛られた 山海の旬を楽しめる宴席料理

有田町を訪れたなら、お食事はやはり有田焼でいただきたいもの。そんな要望に応えてくれるのが、日本料理 保名だ。山海の旬の素材を用いた宴席料理を、有田焼の器で供してくれる。

昼食の人気メニューは「陶箱弁当」。蓋に寿の文字がたくさん描かれた縁起のいい陶箱に、彩りと風味豊かな料理が盛られている。鶴亀の形をした豆皿なども使われていて楽しい。さらに有田名物のもちもちとした食感が特徴の呉豆腐や、刺身、吸い物が付いてくる。

夜には予約をすれば「骨董会席」なるメニューも選べる。これは江戸・明治時代の古陶磁で料理をいただけるという、スペシャル宴席料理なのだ。

「有田焼４００年の歴史において食と器は一体。古陶磁を知っておくと、知識や経験に深みが増します。料理人はもっと器の歴史を知るべきだと痛感しますね」と保名の２代目、西山保広さん。

店先の棚には西山さんが収集した貴重な古陶磁が並び、鑑賞だけでなく、希望があれば販売もしてくれる。「古陶磁のファンを作ることが、私の役目だと思っていますから」と西山さんは言う。

「有田町に有田焼で料理を供する日本料理店があれば、多くの人々がもっと足を向けてくれるはず。私は有田町から食と器の提案をしたいんです」

これまで有田焼が得意とした業務用食器が、実際にどう活用されているのかを知る機会にもなる。保名は有田焼への理解と魅力がさらに深まる料理店だ。

南川良原地区

柿右衛門窯をはじめ
見応えある窯元や工房がそろう

有田駅の西側にあたる地区。
有田焼の伝統を伝える柿右衛門窯や
人間国宝の井上萬二窯など、
見応えのある窯元や作家の工房が存在する。
有田焼を深く知るためにぜひ訪れたい場所だ。

NANGAWARA AREA MAP

柿右衛門窯

有田焼の基礎を築いた本家本元、柿右衛門様式

佐賀地方の方言で、米のとぎ汁を「にごし」と言う。一般的な有田焼の白磁はやや青みを帯びた白色であるのに対し、米のとぎ汁のように温かみのある乳白色の白磁を、特別に「濁手《にごしで》」と呼ぶ。有田焼の3様式の1つ、柿右衛門様式の最大の特徴は濁手の磁肌にある。

柿右衛門様式とは、濁手の生地の上に余白を十分に生かした左右非対称の構図で、野山に咲く草花や鳥を繊細に描いた色絵磁器を言う。現在は一般的な白磁に同様の色絵を付けたものも柿右衛門様式と呼び、豆皿からもその美が伝わる。

柿右衛門窯の歴史は、有田焼の歴史そのものと言っていい。1643年、初代酒井田柿右衛門が日本で初めて磁器の上絵付けに成功した。それにより色絵磁器の技術は急速に発展し、今日の有田焼の

KAKIEMONGAMA

右頁／本焼成用のレンガ造りの窯　右上／赤マツを燃料に窯を焚く　左上／15代酒井田柿右衛門さん　右／1つひとつをロクロで成形する

柿右衛門窯

基礎を築く。１６５９年にはオランダ東インド会社によって、欧州に向けた有田焼の輸出が始まり、柿右衛門様式は特に王侯貴族の間で高い人気を得た。

しかし色絵の流行の変化や輸出量の減少にともない、江戸中期に濁手の技術は一度途絶えてしまう。昭和に入り、酒井田家に代々伝わる古文書を基に、12代と13代が試行錯誤を重ねて濁手の再現に努め、１９５３年に成功。１９７１年には「柿右衛門製陶技術保存会」を設立し、国の重要無形文化財総合指定を受けた。

２０１４年に襲名したばかりの15代酒井田柿右衛門さんは、そうした窯の歴史の重圧をほとんど感じさせない、軽やかな出で立ちの人物である。しかし口を開くと、「伝統工芸の場合、８割のお客様が納得するものを作らなければいけません。まずは伝統を守ること。新しいことへの挑戦は、その枠の中でやらなければいけないのです」と重みを感じさせる。

「窯を維持管理するためには、原材料をきちんと用意し、職人が技術を身に付けるための環境を整える必要があります。世代交代を上手く促していくことが大切。そのうえで時代の流れを取り入れることはあるでしょう。私が晩年までにそれをやり遂げて、ようやく次代に引き渡せるのです」と説明する。

15代柿右衛門としては、南川良原地区の伝統的な製法である「型打ち成型」に挑戦したいと語る。それはロクロで生地を薄く挽いた後に、型にはめて形作るという独特の製法だ。「ロクロとも型とも違う表情が生まれる」と言う。

窯を受け継ぐことを「15番目の走者として、襷《たすき》をつなぐこと」と15代柿右衛門さんは比喩する。自分が長い歴史の一端にいることを淡々と受け止めているからこそ、柿右衛門窯は未来へと続くのだ。

KAKIEMONGAMA

右頁／熟練の職人たちが窯を支える　上／整然とした工房で、職人たちが絵付けする　右／展示室の扉の取手にも色絵磁器を採用

上／色絵の題材にもなっている庭の柿の木
左／展示場では商品販売も行っている

柿右衛門窯
佐賀県西松浦郡有田町南山丁352
☎0955-43-2267
http://www.kakiemon.co.jp

展示場・古陶磁参考館
営業時間／9：00～17：00　年末年始休み

柿右衛門窯

①

①錦花実文縁反豆皿
②錦松文五方割小皿
③錦松竹梅文六方梅形小皿
＊写真はすべて原寸

KAKIEMONGAMA

②

③

陶悦窯

〃有田焼らしさ〃にとらわれず 独自の有田焼を追求する挑戦者

「有田焼らしくないと言われることが多いのですが、私はそう思っていません。400年の歴史の延長線上にいることを常に意識しています」と陶悦窯の14代目、今村堅一さんは語る。

陶悦窯は長崎県佐世保市の三川内《みかわち》地区で「三川内焼」を焼いていた老舗だ。1963年に工房を拡張するため有田町へ移った。「有田町は窯元の数が断然に多いし、絵付けの種類も豊富。私の祖父と父は、他所の窯と同じことをやっていても勝てないと判断し、ほかとは異なる雰囲気の焼物を求めました」と説明する。

磁器産地である有田町にありながら、

なんと土鍋などの陶器にチャレンジした時代もあったと言う。これは先代と先々代が陶土や釉薬を自社開発することに熱心だったからできたこと。今もそれを受け継いでおり、１５０種類もの自社製釉薬を保有している。これが陶悦窯の強みであり、製品を特徴付ける。

　黒の釉薬で覆われた豆皿は、有田焼の伝統様式からは程遠い。黒の絵具は割れた生地を粉砕し、顔料を混ぜた「化粧土《けしょうど》」を使うこともあると言う。製造工程で割れた生地は廃棄するのが一般的。それを再利用する方法を探った結果だ。

　また、有田焼であまり使われない「選《えり》下《げ》」と呼ばれる等級の低い陶石を自社精製し、通常よりも低い温度で酸化焼成して、陶器のように温かみのある磁器作りにも挑んでいる。これも天然資源を有効に使いたいという思いからだ。

「日々、新しい表現方法を考えています。毎晩、仕事が終わった後に絵具や釉薬の調合、焼成方法などを地道に検証しています。風変わりな焼物を作りたいわけではないんですよ。ただ使い手に喜んでもらえるものを作りたいだけ」

　陶悦窯のようにチャレンジ精神旺盛な窯元が、有田焼の未来を切り開く。

陶悦窯
佐賀県西松浦郡有田町南原甲778
☎0955-42-3464
http://www.touetsugama.com
※2015年中に窯元にショールームを設置予定

右頁・上／台に載せて生地を運び、窯詰めの準備をする　右頁・下／機械ロクロで成形する　上／陶悦窯14代目の今村堅一さん・美穂さん夫妻　左／工房の壁にはヘラなどの道具がたくさん！

陶悦窯

①晶金ひとかすり三組小付
②天目抜巻文二組小付
③白磁巻文四組小付
④釉裏紅巻文三組小付
⑤変わり掛分三組小付
＊写真はすべて原寸

TOUETSUGAMA

歳を重ねた今も 常に挑戦する心を持ち続けています

インタビュー 井上萬二さん

80歳を超えた今も、精力的に作品作りにいそしむ井上萬二さん

染付や色絵が盛んな有田焼の産地で白磁を極めた、重要無形文化財保持者の井上萬二さん。有田焼の真髄を知るうえで外せない名匠の1人だ。特別にインタビューに応じていただいた。

―井上さんにとって白磁の魅力とは何でしょう?

有田焼をはじめ、焼物の産地では器をより美しく見せようと、染付や色絵などの加飾をどんどん施してきました。しかし、私が考える焼物の良さとは形。加飾は二の次です。もし究極の形を生み出せたら、そこに加飾する必要はないと思っています。長い間、この思いで技術と創造するセンスを磨いてきました。

―井上さんの代表作に、白磁に青磁で加飾をした作品がありますが、あれはどんな意図で作られたのですか?

若い頃から日本伝統工芸展に出品してきたのですが、何度か入選しても、入賞には至りませんでした。どんなに秀でた白磁を出品しても、色絵磁器には負けてしまうのです。そこで、私なりの加飾に挑んでみようと。かつて中国・景徳鎮で白と青の文様が付いた磁器の破片を見たことがあり、それをヒントにして、白磁に青磁で文様を彫ったのです。そうしたら、最高賞の文部大臣賞（当時）を受賞できました。年を重ねてからは、60歳で柿色を、70歳で黄色を、80歳で紫色の文様を本焼成で表現し、私なりの色絵にも挑戦しました。

―そもそも陶芸家になったきっかけは何だったのでしょう?

私は15歳で海軍飛行予科練習生となり、徹底的に身体と精神を鍛えられ、17歳で復員しました。実家が井上製陶所という窯元で、父から「窯元を託したい」と言われたのですが、私は窯主にはなりたくなかった。どうせなら自分の作品で勝負したいと思い、修業の道に進みました。父から「飯は食わしてやるから、勉強をするなら無給でやれ」と言われ、柿右衛門窯で6年間無給で働きました。

その間、自分自身に迷いが表れ始めた頃、奥川忠右衛門というロクロの神業を持つ名工と出会い、この人から技を学びたいと思って、何度も家に押し掛けてお願いしました。その時にお茶の代わりに酒を差し出されたのですが、私が酒を飲めないと言うと、「酒も飲まずに技が学べるか」と叱られました。まさに奥川さんは酒ゆえに技が冴える人でした。

それから平日の昼間は柿右衛門窯で働き、夜と土日は奥川家に行って技を学ぶ日々が続きました。それを約10年間続けたら、私は有田で一流の技を持つようになりました。

柿右衛門窯で働いた後は佐賀県有田窯業試験場（現・佐賀県窯業技術センター）に13年間勤め、釉薬や陶土の研究に取り組みました。そしてようやく42歳で自分の窯を開いたのです。

――陶芸家としての志を教えてください。

私はよく上手だと褒められるのですが、上手いのは私が努力したから当たり前。作家も窯元ももっと努力しないといけないと思います。飯は食わなくてもいいという思いで、精進することです。私はひたすら汗水垂らして、自分の腕を磨いてきました。作家も窯元も皆が努力をすれば、有田焼はもっと発展します。４００年を迎えるに当たり、有田焼を共に躍進させようじゃありませんか。

白磁に青磁で文様を入れた代表作

この精緻な造形は、ロクロ成形の名手ならでは

井上萬二窯
佐賀県西松浦郡有田町南山丁307
☎0955-42-4438

展示室
営業時間／8：30～17：30　年末年始・盆休み

赤坂・黒牟田・応法地区

のどかな山々に囲まれ
窯元が最も多く集まる

有田町で最も多く窯元が集まる地区。
のどかな山々に囲まれた中、
バラエティーに富んだ窯元がそろう。
ショッピングモール「有田陶磁の里プラザ」があり、
買い物をするにはうってつけ。

AKASAKA, KUROMUTA, OUBOU AREA MAP

右／瓦屋根の建物の中に窯がある　左頁／古伊万里様式を基にした、色鮮やかな豆皿

源右衛門窯

古伊万里様式を現代風にアレンジした人気ブランド

有田焼の中でひときわ人気の高い〝窯ブランド〟と言えば、源右衛門窯である。「かつての愛陶家は男性が多かったのですが、今のうちのお客様の9割近くは女性。主に主婦層に向けて家庭用食器を作っています。しかも、愛用者は元気のいい女性が多いようです」と源右衛門窯の7代目社長、金子昌司さんは言う。

源右衛門窯は、ほかの多くの窯元と同じく、かつては業務用食器を生産していた。しかし高度経済成長期を迎え、個人消費が伸び始めたのを見て、将来的に家庭用食器へのニーズが高まることを予測。先代の頃に、家庭用食器に絞った生産態勢へと大きくシフトしたのだ。地元九州の百貨店の家庭用品売場から販売を始め、全国へと広げていった。

家庭用食器に求められるのは、用途や季節感にあまり縛られず、1年中どんな料理を盛っても映えることだと言う。源右衛門窯の魅力はもちろんそれだけでなく、独自のデザイン性にある。

源右衛門窯のデザインは、古伊万里様式を基としたものが多い。特に江戸時代

GENEMONGAMA

に欧州へ輸出した金襴手《きんらんで》の古陶磁を、先代がドイツ・ドレスデンのツインガー宮殿で目にする機会があり、これを現代に復活させようと熱心に研究した。

「古典文様を引用しながらも、先代はそれを自分のフィルターにかけて、現代の市場に合うようにアレンジしました。そのアレンジ力が優れていたのだと思いま

源右衛門窯

最上／釉薬の仕上がりを1つひとつ丁寧に確認する　上／レンガ造りの本焼成用窯　右／源右衛門窯7代目社長の金子昌司さん　左頁・上／手入れされた庭もゆっくりと観賞できる　左頁・下／源右衛門窯の焼物を展示・販売する窯元展示場

す」と金子さんは解説する。

絵具の色みも源右衛門窯の特徴だ。染付の青も、上絵の赤や緑も、印象の強い濃い色を使う。豆皿を見ても、濃い色ならではの力強さがある。愛用者に元気のいい女性が多いのは、そうした作風に共感するからだろう。

「当初は家庭用食器にシフトしたことが画期的な取り組みでしたが、何十年も続くとだんだん保守的になってしまう。それは好ましくないと思いまして、有田焼400年を節目に、新しいことにも挑戦しようと考えています」と金子さん。

源右衛門窯の絵付けはすべて手描きであるが、輸出向けに新しい技法や作風にも挑戦したいと言う。「手描きだけがブランド価値のすべてではないと思うのです。手描きでこそ味わいが生まれる絵付けもあれば、転写や印判でこそ表現できるデザインもあるかもしれない。そうした可能性を海外で探ろうと思っています」

どんなに人気があってもそこに胡座《あぐら》をかくことなく、常に挑戦する心を忘れない。有田焼の窯元らしい姿勢だ。

源右衛門窯
佐賀県西松浦郡有田町丸尾丙2726
☎0955-42-4164、0120-88-4164
http://www.gen-emon.co.jp

展示場
営業時間／平日8：00～17：30
土日祝9：00～17：00　土曜不定休
12月31日と1月1日休み

GENEMONGAMA

源右衛門窯

GENEMONGAMA

①

②

③

④

①染錦花唐草猪口
②染錦古代花鳥(柘榴絵) 猪口
③赤濃菊唐草猪口
④染錦草花紋猪口
⑤染錦更紗手花蝶文豆皿
＊写真はすべて原寸

⑤

しん窯

愛らしい絵柄の染付で
多くのファンの心をつかむ

右頁・上／今も使用する登り窯　右頁・下／濃《だ》みで下絵付けする　上／しん窯8代目の梶原茂弘さん　左／本焼成の窯詰めを待つ

SHINGAMA

愛嬌のあるオランダ人や貿易船が描かれたユニークな豆皿——。これは18世紀末頃に有田焼で多く描かれた伝統的文様「紅毛人」をアレンジした絵柄だ。しん窯が展開するブランド「青花《せいか》」を特徴付けるデザインの1つである。

しん窯は染付を得意とする窯元だ。もちろん染付は、有田焼のほとんどの窯元が手がけている。しかし、だからこそ染付に突出した窯元というのは少ない。しん窯の8代目、梶原茂弘さんはそこに目を付け、1976年に「青花」ブランドを立ち上げた。

「柿右衛門窯は柿右衛門様式、今右衛門窯は色鍋島様式、源右衛門窯は古伊万里様式と、有田焼の名窯元や大手メーカーはどこも確固たる様式を持っています。では、しん窯は何かと10年ほど考え続けました」と梶原さんは振り返る。

1830年に築窯されたしん窯は、歴史はあるが、「名窯元や大手メーカーとは比べものにならないほど、無名であることに歯がゆさを覚えた」とも言う。

そこで見付けた方向が染付だった。ま

上／かつて大皿や大鉢などを焼いていた名残
下／ユニークな絵柄の染付が特徴

SHINGAMA

さに、灯台下暗し。有田焼の中で「染付と言えば、ここ」と、代表的な窯元が挙がらないことに梶原さんは気が付いたからだ。「染付と言えば、しん窯」を目指したのである。

　ほかの窯とはひと味違う染付を生み出すため、梶原さんが手本としたのは古陶磁だった。「昔は登り窯で焼いていた間

しん窯

上／「青花」の試作品や新商品が1000点ほど並ぶ　左／染付を象徴する青と白の建物がショールーム

しん窯
佐賀県西松浦郡有田町黒牟田丙2788
☎0955-43-2215
http://shingama.com

ショールーム
営業時間／平日8：00～17：00
土日祝10：00～17：00
無休（工房見学は土日祝定休）

に灰が落ち、それが泉山陶石と反応して、青みを帯びた独特の白い磁肌が生まれました。しかし燃料が薪から重油、ガス、電気へと替わるうちに、窯の中で灰が落ちなくなったのです」と梶原さん。

そこで理想の磁肌を再現するため、古陶磁を研究しながら、釉薬や絵具、陶土を自社開発する方法を選んだ。内製化することで、オリジナリティーのある染付が生まれると確信したからだ。

しん窯の理念は「後世に残るやきものを創る」である。梶原さんはこうした理念やキャッチコピーのほか、「形状のおおらかさ」「絵柄の楽しさ」など「青花」の特色5か条を定め、言葉によってアイデンティティーを明確にしていった。そうした熱心な取り組みが実を結び、「染付と言えば、しん窯」の地位を獲得した。

1993年には伝統工芸士の橋口博之さんによる「青花匠」ブランドを展開。洗練された技とデザインを基調に、アクセントとして赤や緑の上絵をほんの少し入れた表現が特徴だ。染付を極めたからこそ、染付の先に進化があった。

しん窯

①

②

③

④

⑤

⑦

①マント異人舟型小付
②オランダ船舟型小付
③後姿舟型小付
④パイプ異人舟型小付
⑤カール紅毛人舟型小付
⑥染錦(朱)稲穂輪花小皿
⑦染錦(黄)稲穂輪花小皿
⑧染錦(緑)稲穂輪花小皿
＊写真はすべて原寸

⑥

⑧

SHINGAMA

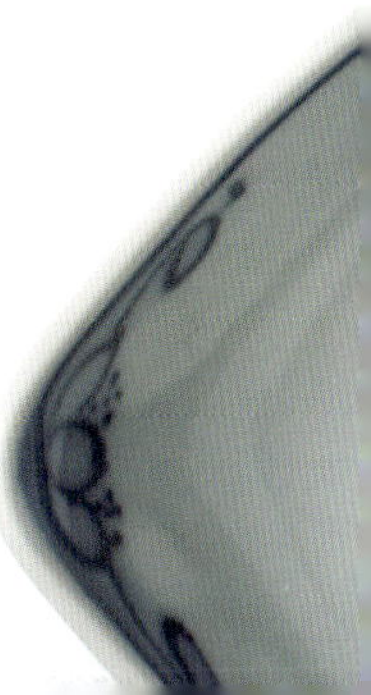

立体的な線やドットで描く
明るく軽やかな豆皿

利久窯では染付や色絵といった有田焼の伝統様式を用いることが少ない。用いるのは「一珍《いっちん》」や「ラスター」など、有田焼ではあまり見ない技法だ。

　無釉の生地に立体的な線やドットで模様が描かれた豆皿には、一珍という技法が用いられている。これは漆器の加飾に用いられる蒔絵を応用した技法で、顔料などで着色した「化粧土《けしょうど》」を、スポイトを使って絞り出しながら模様を描く。生地の上に化粧土を載せるため、模様が立体的に盛り上がって見えるのだ。

　ラスターは上絵として絵具の代わりに銀彩を塗る技法で、キラキラと輝きを放って見えるのが特徴だ。ほかに、無釉の生地に釉薬をまばらに掛けて、薄いガラ

利久窯

RIKYUGAMA

右／利久窯３代目の江頭光治さん
上／スポイトから化粧土を絞り出して絵を描く一珍技法　下／ショールームを抜けると日本庭園が広がる

上／工房は、廃校になった小学校を移築したと言う風情ある建物　左／カラフルな器が並ぶショールーム

江頭製陶所　利久窯

佐賀県西松浦郡有田町黒牟田丙3522

☎0955-42-2971

ショールーム

営業時間／不定(要問い合わせ)

ス質の膜を模様に仕立てるなど、独創的な技法を駆使した表現を得意とする。

このように利久窯では、伝統的な有田焼とは一線を画す、明るく軽やかで、現代的な焼物を生み出している。「有田で誰も実践していない技法だったので、挑戦のしがいがあると思いました」と利久窯の3代目、江頭光治さんは言う。

江頭さんは婿養子として利久窯に入った。元々は宮城県の出身。東北と九州で全く異なる土地柄や人間関係に、最初はずいぶん戸惑ったと言う。

そうした経緯もあり、「有田焼の伝統様式には今ひとつピンと来ない」と正直な思いを語る。だからこそ「自分がいいと思える焼物を作りたい」という意志を強くし、独自の表現を求めた。

「有田焼も初めから何かの様式があったわけではなく、時代とともに発展し、変化してきました。だったら、私が作る焼物も有田焼と言ってもいいのではないでしょうか」と江頭さん。新参者だからこそできる挑戦がある。将来、有田焼を変える存在となるかもしれない。

利久窯

RIKYUGAMA

②

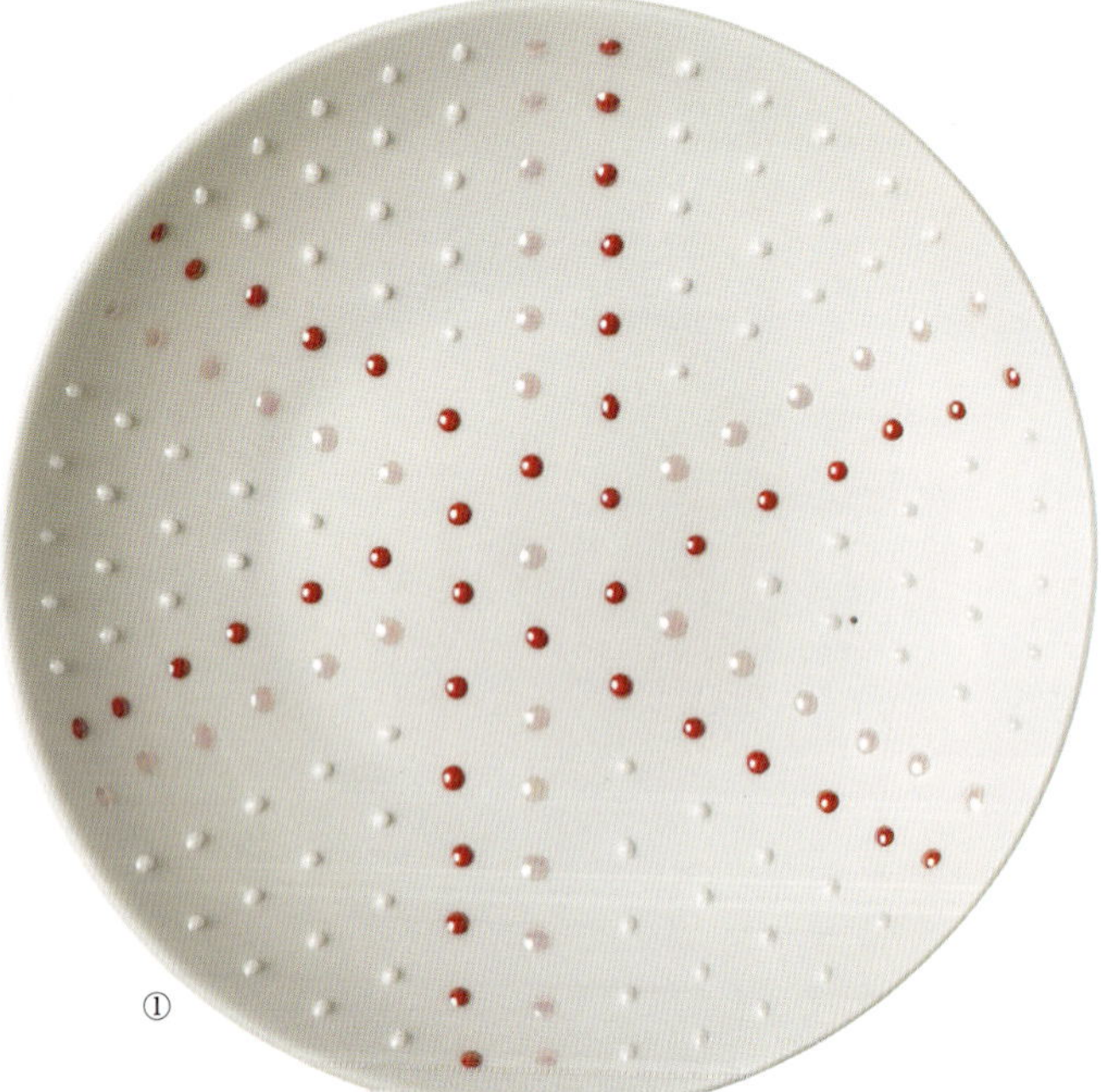

①

③

①ドット豆皿
②サクラ豆皿
③ストライプ角豆皿
④レース豆皿
⑤カラクサ豆皿
⑥ライン豆皿
＊写真はすべて原寸

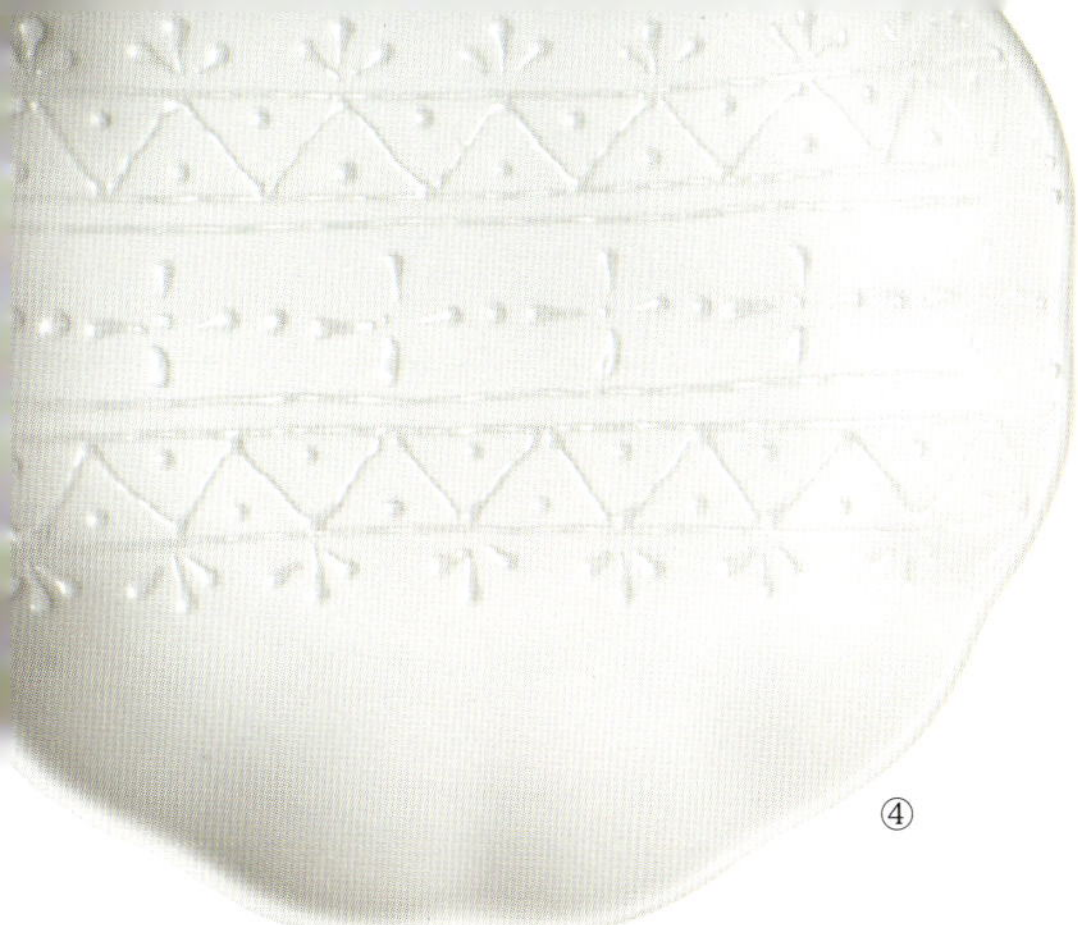

④

⑤

⑥

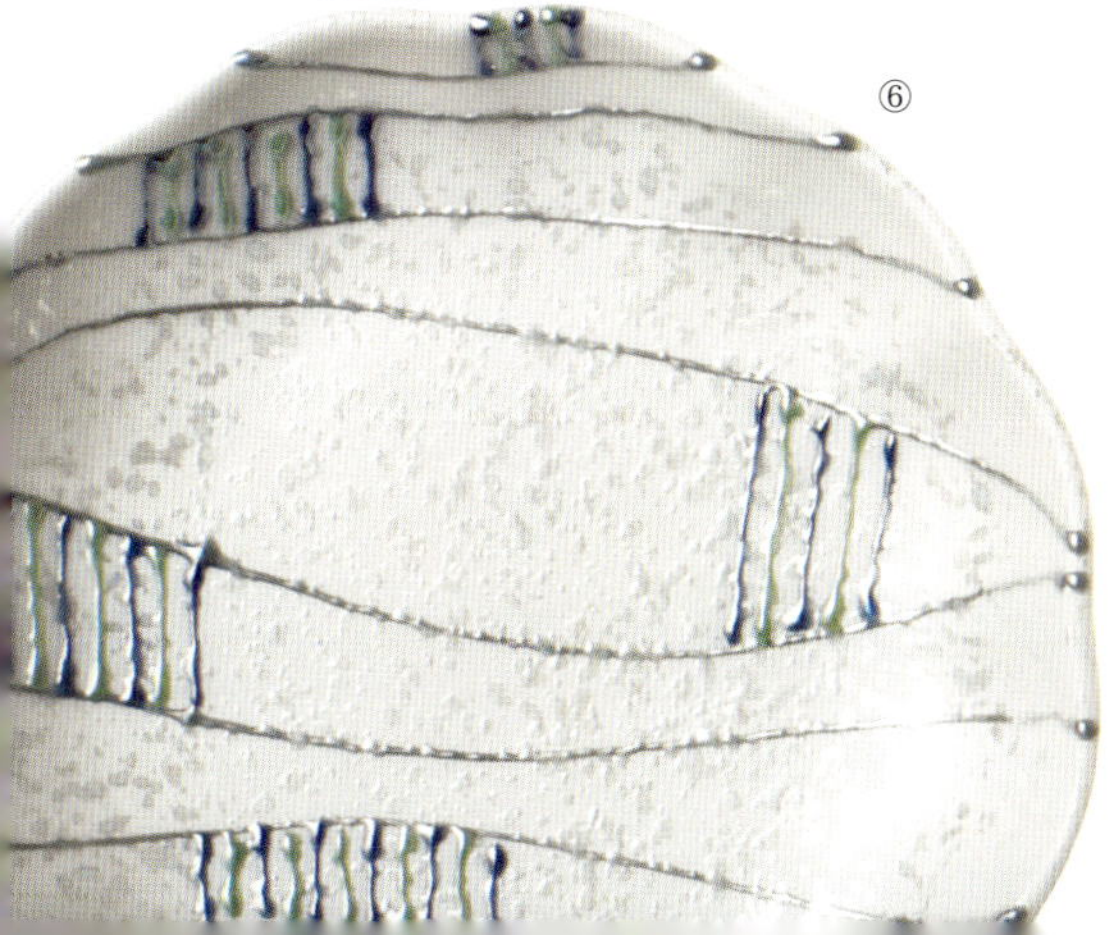

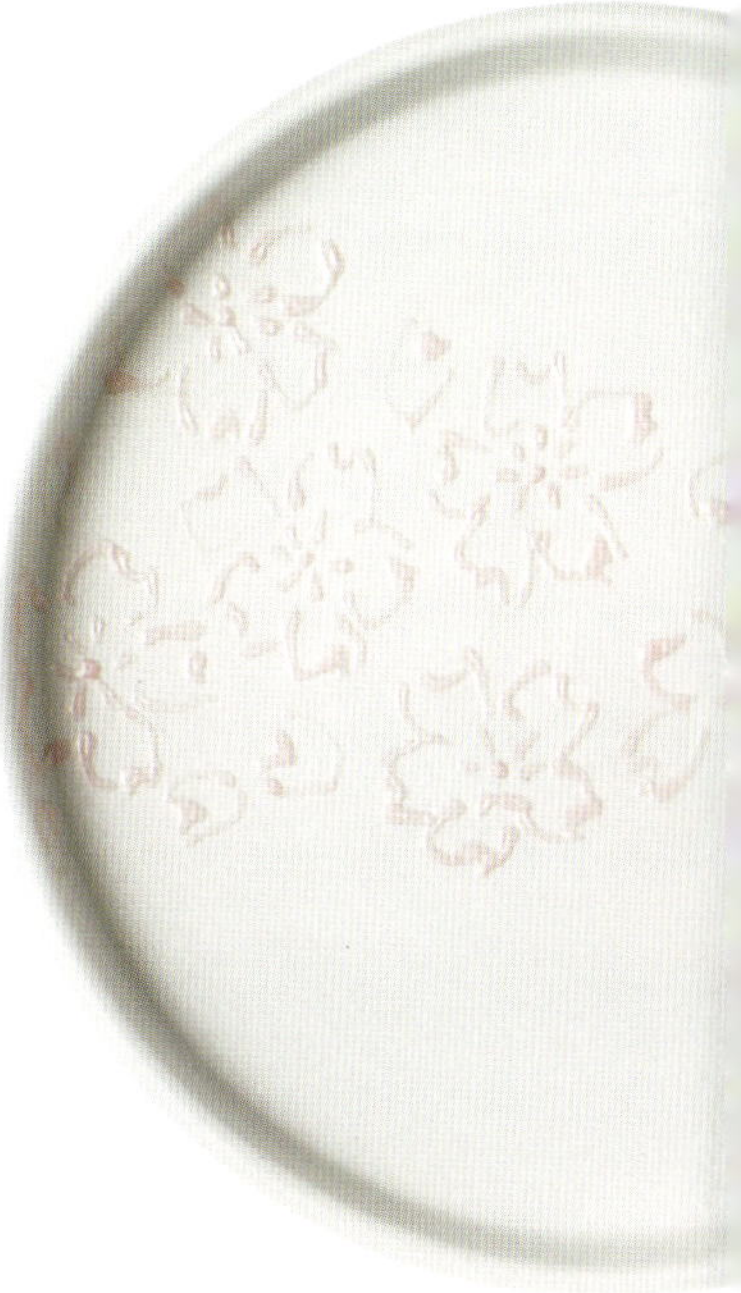

徳幸窯

TOKKOUGAMA

徳幸窯
佐賀県西松浦郡有田町応法丙3841-1
☎0955-42-2888

ショールーム
営業時間／9：00～17：00　土日祝定休

ハレの日に映える
変形豆皿を日常使いに

松竹梅や鶴亀といった、吉祥文様をモチーフにした変形豆皿を得意とする徳幸窯。「正月や宴会など、ハレの日に映える器を多く焼いています」と徳幸窯5代目の徳永弘幸さんは言う。

徳幸窯は幕末の1865年に創業。最初は他の窯元との共同窯を使用し、大正時代に自前の窯を開いた。主に火鉢を焼いていたと言う。高度経済成長期に入ると、業務用食器の生産を専門とした。

現在では、商社と共に家庭用食器を開発する機会が増えた。徳永さんは職人というよりむしろプロデューサーとして、商品企画や運営に携わっている。

変形の豆皿は、業務用食器を得意としてきた有田焼の特徴の1つである。ホテルや旅館、飲食店では、季節を表した器やハレの日に相応しい器を特に求めるからだ。松竹梅や鶴亀の変形豆皿は、徳幸窯で20年来のロングセラーだと言う。

もう1つ、徳幸窯が得意とするのは転写技術だ。転写とは手描きによる絵付けの代わりに、水に濡らした転写フィルムを、生地に直接貼る技法だ。一般的には部分的な柄に使用することが多いが、徳幸窯では器全体にフィルムを貼る手法を用いている。器の形状に合わせてフィルムを3分割や4分割して貼り合わせるのだが、フィルムとフィルムの継ぎ目が分からないほど、徳幸窯は貼り合わせの技術に長けている。

現在、徳幸窯では受注個数に応じて、転写と手描きの手法を使い分ける。「絵柄は文様図鑑や古陶磁から引用したり、時にはファッション雑誌や風景写真をモチーフにしたりします」と徳永さん。

変形と転写は、業務用食器の需要により有田で発展した技術だ。家庭用食器売場には並ばないユニークな豆皿を、この機会に日常に取り入れてみたい。

右頁・上／窯元が密集する一画。煙突が立ち並ぶ　右頁・右下／上絵焼成をするため窯詰めする　右頁・左下／金の絵具で華やかな絵付けを施す　右／徳幸窯5代目の徳永弘幸さん　上／大判の転写フィルムを扱えるのは、徳幸窯ならでは

徳幸窯

①

②

③

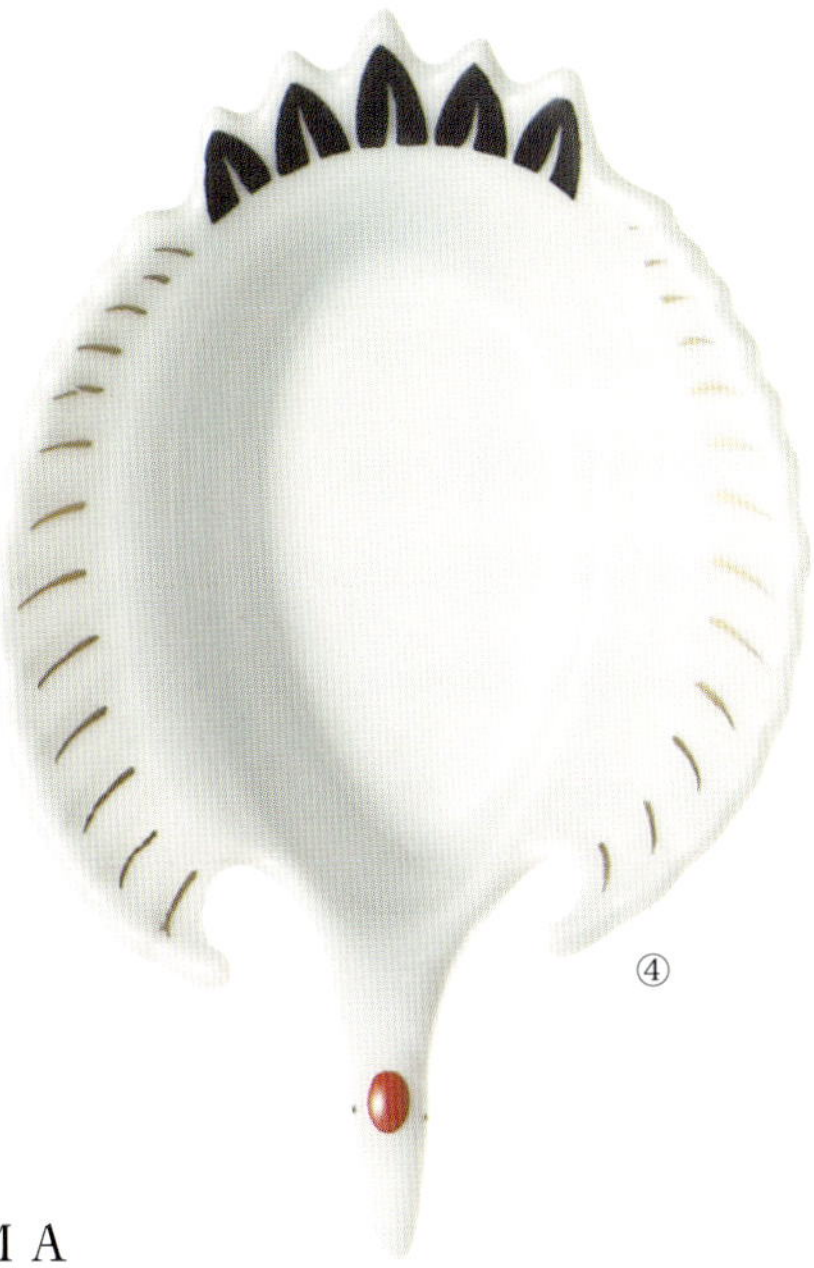

④

TOKKOUGAMA

⑤

①松型小付

②竹型小付

③梅型小付

④鶴珍味

⑤亀珍味

＊写真はすべて原寸

福泉窯
佐賀県西松浦郡有田町赤坂丙2842-3
☎ 0955-43-2251
http://www.fukusengama.co.jp

ショールーム
営業時間／8：30～18：00
日曜、第1・3土曜定休

FUKUSENGAMA

福泉窯

染付、古伊万里、金蒔絵……多様な技法の焼物を生み出す

福泉窯が焼く焼物は多様だ。染付をはじめ、古伊万里様式、金蒔絵や螺鈿調、尾形乾山調……。

福泉窯3代目の長男で、現在、商品開発を任されている下村耕司さんは、京都の老舗陶磁器商社で5年間働いた経験を持つ。そこで焼物の企画から流通までを学び、また1年間は京都府立陶工高等技術専門校に通い、作陶技術を学んだ。そのうえで家業に入り、成型に用いる型の品質やコストを見直すなど、経営面から商品開発の改革に挑んでいる。

福泉窯の創業は１９５２年。最初は業務用の徳利や盃を焼き、2代目になると商社と手を組み、百貨店向けの家庭用食器を開発した。3代目はさらに手を広げ、

様々な技法を用いた色絵磁器や、料理人と共同開発したヒット商品「だしポット」を生み出した。しかし現在も業務用食器の生産が8割を占める。

業務用食器に力を入れる理由は「プロの要求に応えたい」という気持ちからだ。最近では、磁器素材でありながら、志野焼や織部焼の雰囲気を取り入れたユニークな焼物を開発した。ともすれば邪道に思われる焼物だが、実はプロの料理人の間で扱いやすさの点からニーズが高いのだと言う。下村さんが京都で陶器を学んだ経験が実を結んでいる。

また、多様な焼物を焼く中で比較的多くを占めるのが染付だ。自社で絵付け師を6人抱えており、青みを帯びた磁肌の初期伊万里様式を再現している。特徴的なのは、器の縁に酸化鉄を塗って錆を付けた「縁錆《ふちさび》」や、呉須を表面に散布した「吹墨《ふきずみ》」などの技法を取り入れ、味わいのある染付を生み出していることだ。この豆皿を食卓に並べるだけで、食事の趣がぐっと深まる。そこに福泉窯の実力が見て取れる。

右頁・上／下絵付けをする絵付け師　右頁・下／福泉窯次期4代目の下村耕司さん　上／古伊万里様式の金襴手も焼いている　左／素焼きした生地に下絵付け、本焼成、上絵付け、上絵焼成をして完成する磁器製ワインカップ

FUKUSENGAMA

①

②

④

③

⑤

⑥

⑦

福泉窯

①染付書き山水舟型小付
②染付山水舟型小付
③染付間取芙蓉手木甲型千代口
④染付シダ紋三方押珍味
⑤染付変り絵捻り紋枡型小皿
⑥染付花散し枡型小皿
⑦染付濃松竹梅枡型小皿
＊写真はすべて原寸

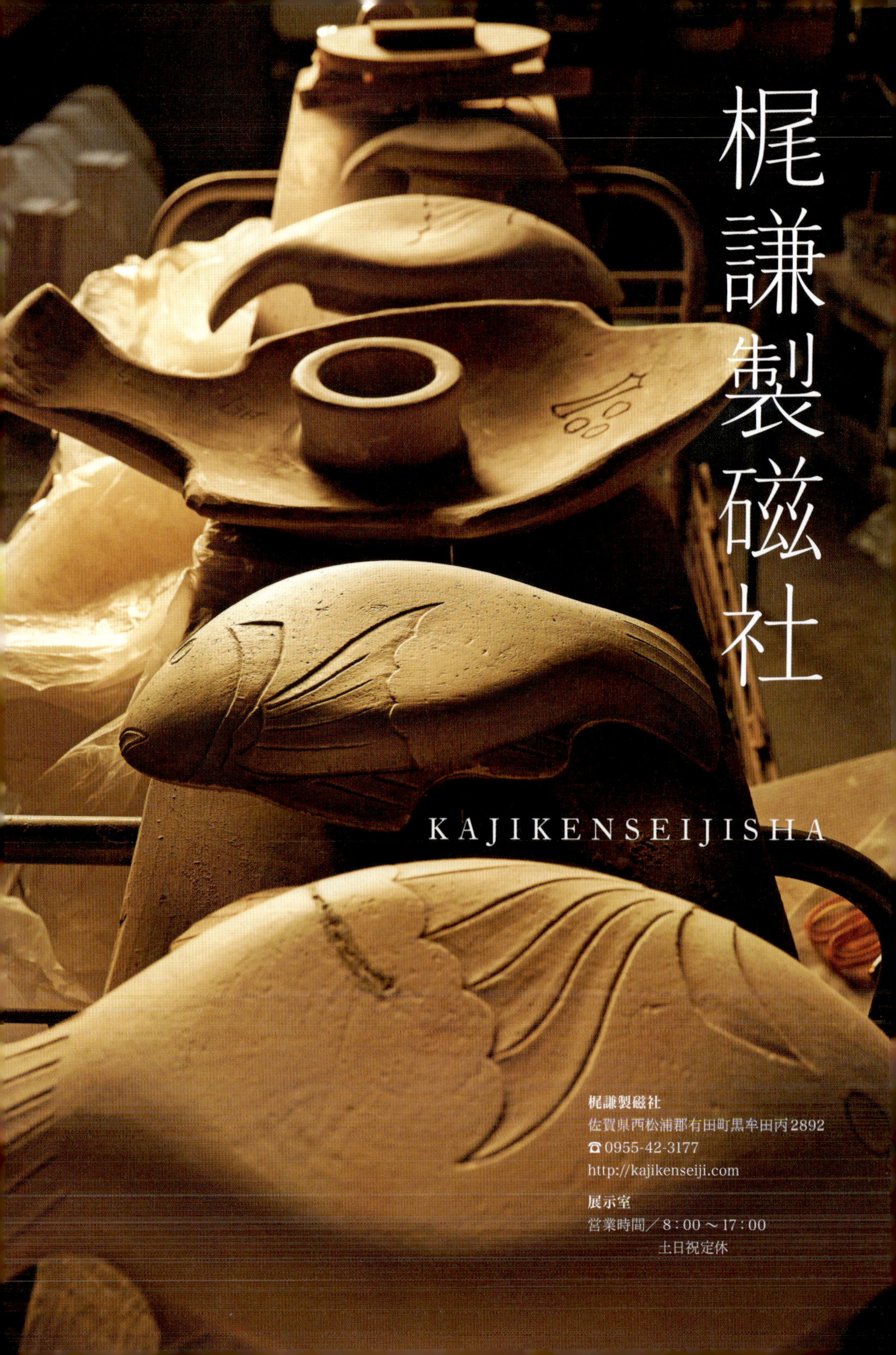
梶謙製磁社
KAJIKENSEIJISHA
梶謙製磁社
佐賀県西松浦郡有田町黒牟田丙2892
☎0955-42-3177
http://kajikenseiji.com
展示室
営業時間／8：00～17：00
土日祝定休

右頁／鯛形の器を成型するための木型　上／耐火レンガの廃材で造られたトンバイ塀と煙突が目印　左／梶謙製磁社4代目の梶原謙一郎さん

〝右肩上がり〟を表す縁起物の尾頭付き鯛

ハレの日の宴席で、メイン料理として供される尾頭付きの鯛。日本人にとって鯛ほど縁起のいい食べ物はない。特に西日本では、日常でも鯛を好んで食べる。そんな食文化によって生まれたのが、梶謙製磁社の鯛形をした器「招福鯛《しょうふくたい》」だ。

梶謙製磁社は築窯から200年以上になる老舗の窯元だ。明治維新を迎えた折り、同社の職人が「日本の夜明け」を祝して遊び心から作ったのが、鯛形をした器だった。特徴的なのは、一般的に魚形の器は頭が左を向いているのに対し、この鯛は頭が右を向いていることだ。

「右向きの鯛は右肩上がりを表し、家運や家業が上昇する、と喜ばれました。〝明治の鯛はめでたい〟と言われ、縁起物として重宝されました」と梶謙製磁社4代目の梶原謙一郎さんは話す。鯛形の器を成型するために明治時代に作られた木型が、同社にはたくさん眠っている。豆皿をはじめ20種類近くはあると言う。

鯛形の器のほか、梶謙製磁社は明治から大正時代にかけて家庭用の大皿や丼を焼いていた。高度経済成長期には有田町のほかの窯元と同じく、業務用食器を焼き、転写技術を用いることで大きく成長した。しかしバブル経済が終わると、不況の影響を直に受け、次第に業績を落としてしまう……。

そんな中、救いとなったのが鯛形の器である。昔の木型を利用し、鯛形の器を本格的に復刻する企画を現在進めている。そこで付けた名前が、福を招く「招福鯛」だ。右向きの鯛は、現代の暮らしの中でも縁起物となるに間違いない。

現代に蘇った鯛形の器は、染付と金銀色絵とに大きく2種類に分けられる。豆皿には遊び心のある鯛がよく似合う。鯛の顔を眺めると、妙に愛嬌があり、ほのぼのとした気持ちに包まれる。

梶謙製磁社

KAJIKENSEIJISHA

①宝物
②宝紐
③青海波
④宝ひさご
⑤宝袋
＊写真はすべて原寸

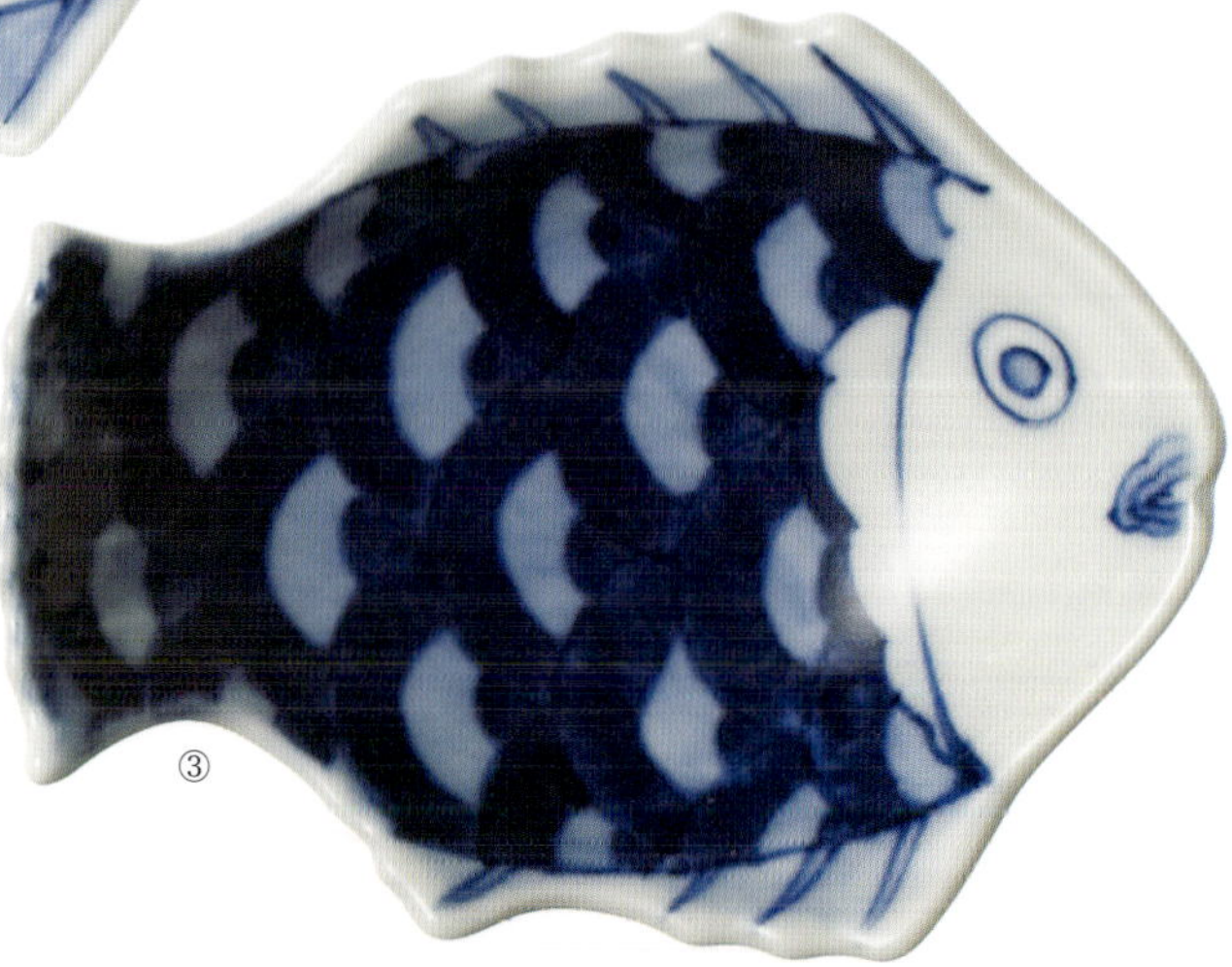

③

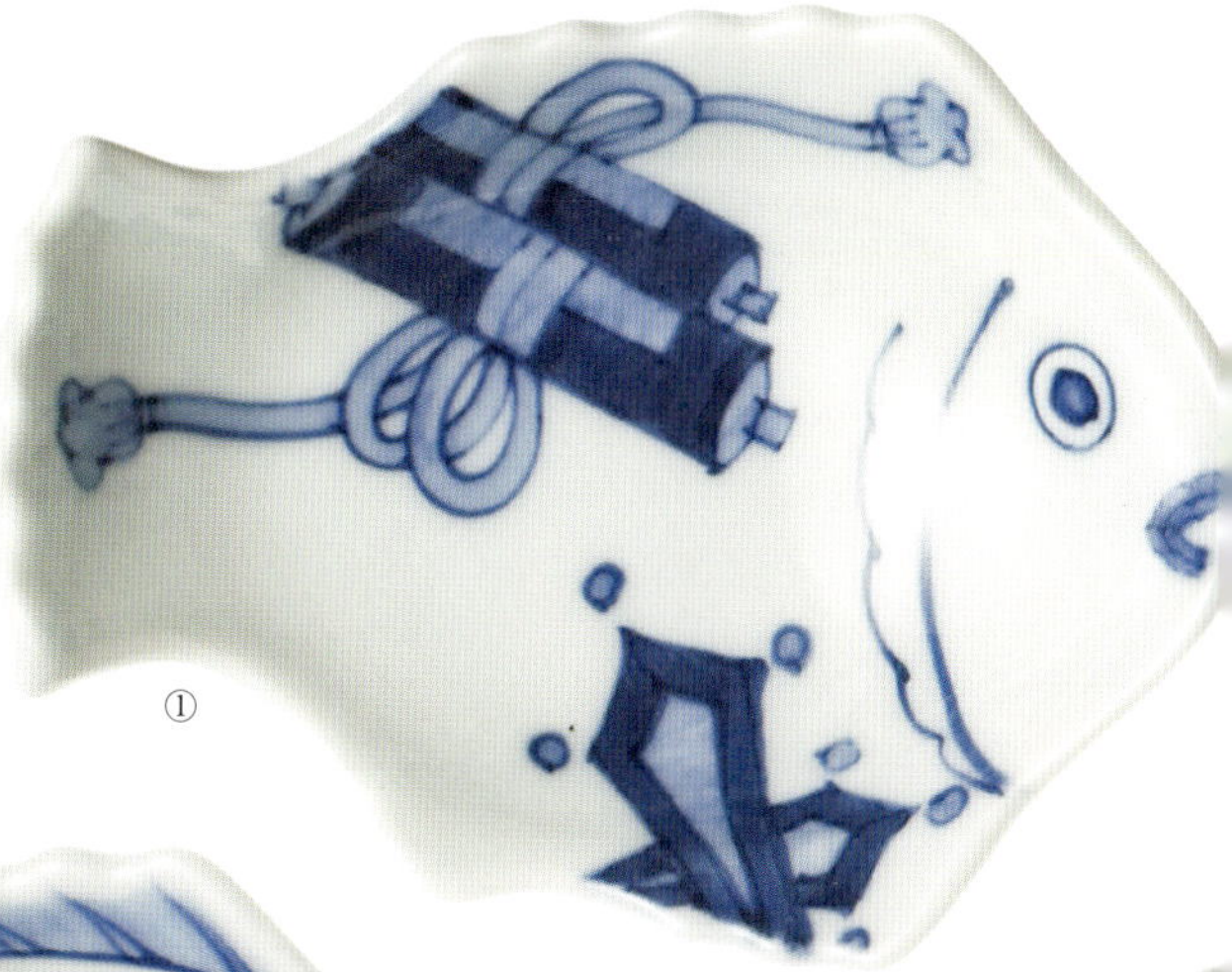

①

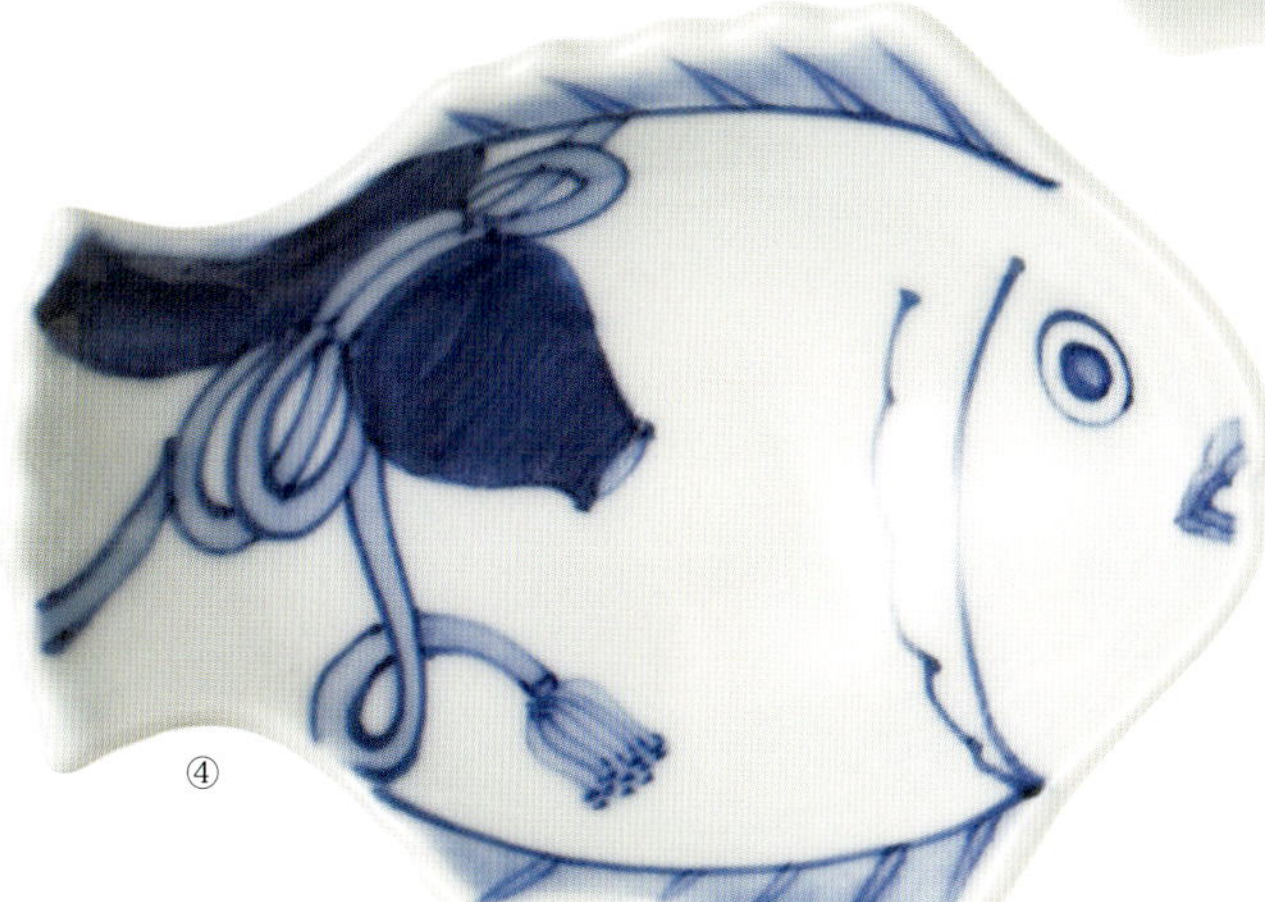

④

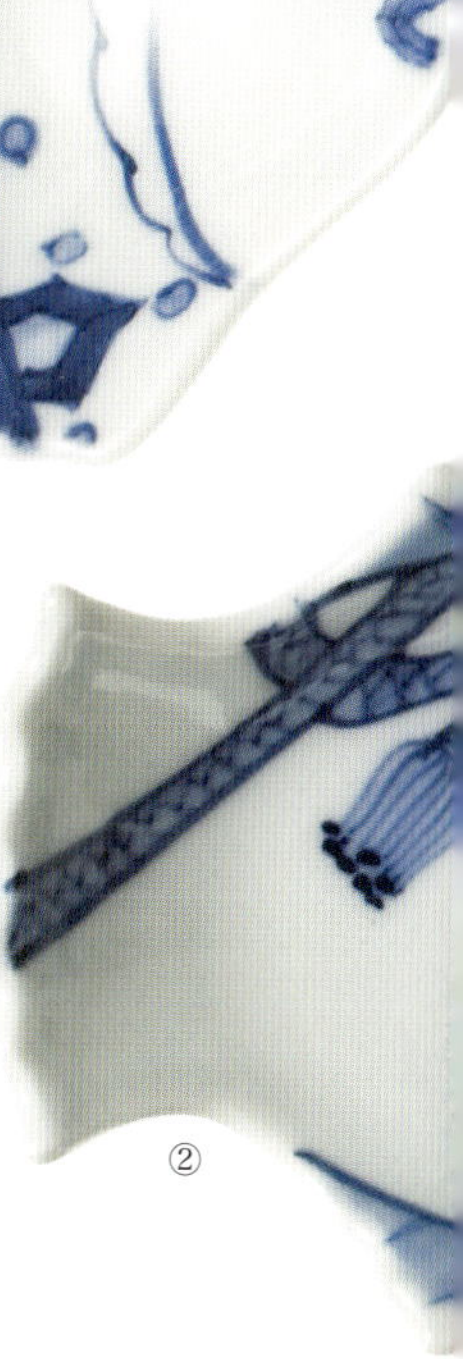

②

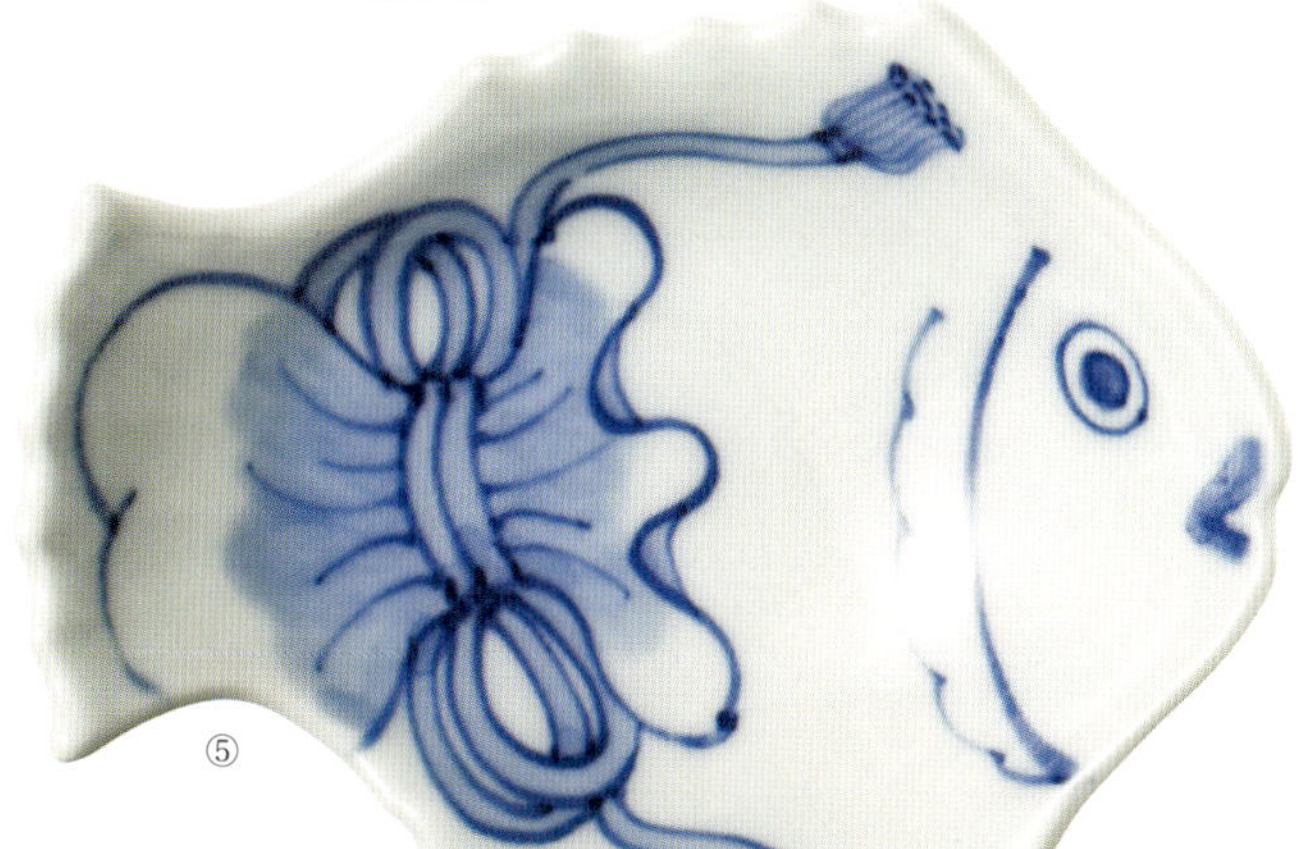

⑤

伝作窯

DENSAKUGAMA

伝統を新しく作る 窯名に込めた決意が映える

伝作窯の伝作とは「伝統を新しく作る」という思いから付けた名前だ。ほかの窯元にはできない新しい製法に挑み、オリジナリティーの高い焼物を焼いている。

その代表作が「平成鍋島」シリーズだ。有田焼の3様式の1つ、鍋島様式を進化

させた焼物という意味が込められている。鍋島様式らしい緻密な文様も然りだが、大きな特徴は、磁器と陶器を焼き合わせて一体にした「陶磁器」であることだ。

一般的な常識からすれば、磁器と陶器を焼き合わせることはほぼ不可能である。なぜなら土の成分や焼成温度、収縮率などが大きく違うため、両者を一体化することは極めて困難だからだ。ところが、伝作窯では原料の選定や、焼成温度の調整を工夫することで、これを可能にした。固く艶やかな磁器と、柔らかく温かみのある陶器が互いを引き立て合う、独特の魅力を持った焼物を完成させた。

なぜ、これほど難しい製法を実現できたのか。それは伝作窯の創業者、横田博

伝作窯
佐賀県西松浦郡有田町応法丙3576-17
☎0955-43-2724
http://www.densakugama.com

展示場
営業時間／10：00～17：00　不定休

右頁・上／敷地の入口には大きな石の看板がある　右頁・下／右が伝作窯創業者の横田博巳さん、左が代表の横田勝麿さん　上／「平成鍋島」シリーズの「合わせ窯変ビールコップ」　左／「平成鍋島」シリーズの「錦桜大皿」

巳さんの生家が耐火物メーカーだったことが影響している。耐火物に対する知見を誰よりも多く持っていたため、「焼物同士をくっ付けることくらいどうにかなるだろう」という自信があったのだ。

横田さんが窯を開いたのは30年前。それまで築炉の仕事に携わってきたが、需要が少なくなったことを契機に、元来好きだった焼物作りへと家業を移行した。

伝作窯の強みは、何よりも技術力だ。技術をテコに、新しい有田焼を生み出すことに挑戦している。自身を「有田焼の異端児」と横田さんは言うが、異端児であることをどこか楽しんでいるようだ。

「平成鍋島」に使われている、象徴的な文様が桜である。これは横田さんが窯元仲間との付き合いで足を運んだ、飲食店に飾られていた枝垂れ桜が基になった。

「私は酒を飲まないし歌わないし、何もすることがないから、枝垂れ桜をずっと

伝作窯

スケッチしていたんです。それを工房に持ち帰って、絵付けに生かしました」と横田さんは話す。意外なきっかけが、名作の誕生につながった。

伝作窯のもう1つの代表作が「シャイニングチャイナ」シリーズだ。これは愛知県の陶土メーカーが開発した「低温焼成陶土」を用いて、絵具と釉薬を自社調合し、下絵付けのみで、まるで上絵付けのように鮮やかに発色させた焼物である。表面が釉薬でたっぷりと覆われているので、一般的な色絵磁器よりも光沢を放つのが特徴だ。これら新しい製法による独特の世界観を、豆皿で味わいたい。

DENSAKUGAMA

右頁・上／色鮮やかな「シャイニングチャイナ」シリーズ　右頁・下／広い展示場には、伝作窯の商品が余すところなく並ぶ　上／敷地内には手入れの行き届いた庭が広がる　左／展示場内にある座敷。有田陶器市期間中（ゴールデンウィーク）、要相談で料理を楽しめる

伝作窯

②

①

DENSAKUGAMA

①シャイニングチャイナうめ豆皿
②シャイニングチャイナもみじ豆皿
③シャイニングチャイナさくら豆皿
④平成鍋島秋草豆皿
⑤平成鍋島花筏豆皿
＊写真はすべて原寸

④

③

⑤

大川内山地区

鍋島様式を生んだ
歴史ある秘窯の里

有田町の北に位置する伊万里市。
江戸時代に鍋島藩窯が開かれた秘窯の里だ。
道幅の狭い歴史ある町並みは、散策に最適。
いくつも建ち並ぶショップやギャラリーで
作品鑑賞を楽しめる。

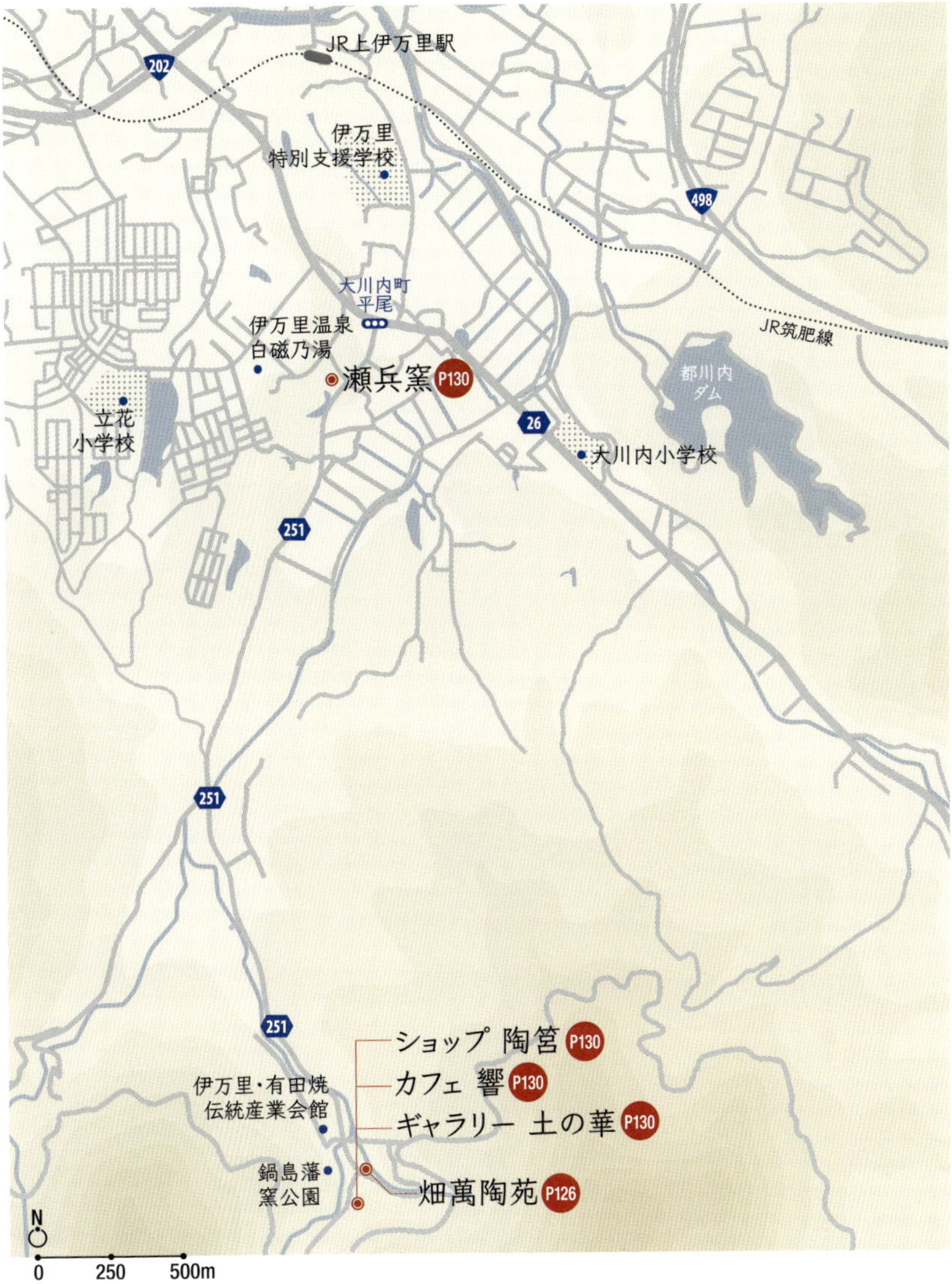

OOKAWACHIYAMA AREA MAP

大川内山

有田寄り道コラム

風景編

窯元の煙突や、耐火レンガの廃材を再利用したトンバイ塀が出迎える

一流の陶工たちが集結した鍋島藩窯の輝きは今も

山の谷間に築かれた、情趣あふれる町並み。幅の狭い道の両側にはいくつもの窯元や店がひしめくように建っている。坂を昇り降りしながら一巡するうちに、思わず江戸時代へタイムスリップしてしまった――。そんな気持ちに駆られる。

伊万里市大川内山は、江戸初期に佐賀鍋島藩が御用窯を開いた地だ。山の傾斜地が登り窯を築くのに適していたことや、原料が豊富に採れたことがこの地が選ばれた理由だ。有田焼の窯元から一流の腕を持つ陶工たちを引き抜き、技術の粋を集めて「鍋島焼」を焼いた。これを幕府や諸大名への献上品としたのだ。高度な技法が外へ漏れるのを防ぐため、陶工たちをここに隔離し、関所を設けて厳しく管理。まさに秘窯と言うべき地であった。

橋の欄干には伊万里焼の壺が飾られている

復元された登り窯

OOKAWACHIYAMA

三方を山に囲まれた谷間に位置する伊万里焼の里

明治4年に御用窯は解散し民窯となる。現在、大川内山に30社ほどの窯元があり、御用窯時代に培われた高度な技法が各窯元で代々受け継がれている。ちなみに伊万里市大川内山で焼かれる焼物は「伊万里焼」と呼ばれ、有田焼と区別されるが、原料や製法に変わりはない。また、かつての鍋島焼は有田焼3様式の1つ、鍋島様式として現代に息づき、格調高い美しさを伝えている。

町並みからさらに足を伸ばすと、関所や登り窯、陶工の家などが再現された鍋島藩窯公園がある。眺めも良く、散策するにはうってつけ。かつて藩の保護下にあった秘窯を知ることで、有田焼の奥深さを知ることができる。

畑萬陶苑

HATAMANTOUEN

鍋島様式の美を受け継ぎ国内外へ広く伝える

「伝統工芸は生活に密着していてこそ継承できるもの。例えば和洋折衷化した日本の食生活に合わせて、使いやすい洋食器を提案し、その中に伝統を織り込むことを試みています」と畑萬陶苑の４代目、畑石真嗣さんは話す。

１９２６年に創業した畑萬陶苑は、かつてこの地が鍋島藩窯だった歴史を背負い、鍋島様式を継承し続けている。赤、黄、緑を基調色にした精緻な文様の色鍋島が、豆皿にも表現されている。

畑石さんは婿養子として同社に入り、４代目を継いだ。前職の陶磁器メーカー勤務で培ったノウハウで、時代に合った伝統工芸の価値向上に努めている。

改革の一歩として、１９９６年に本社

畑萬陶苑
佐賀県伊万里市大川内町乙1820
☎0955-23-2784
http://hataman.jp

ショールーム
営業時間／9：00～17：30　元日休み

右頁・右／絵具を盛り上げて載せ、表面に凹凸を持たせたカップ＆ソーサー　右頁・左／畑萬陶苑は若い職人がたくさん働いているのが特徴　右／畑萬陶苑４代目の畑石真嗣さん　下／畑萬陶苑の商品のほか、鍋島様式の美術品を展示するショールーム

工房をモダンな建物に建て替えた。次代を担う作り手を養成するため、労働環境を改善。また、観光客に向けて工房見学を実施した。作り手と使い手とのコミュニケーションに重きを置いたのだ。

技術面では、環境への配慮から低温度焼成法に取り組んだ。通常１３００度で磁器を焼くところ、１２３０度未満で磁器を焼き、二酸化炭素の排出を抑えた。この技術を応用して、変形物焼成法を確立。温度を変えることで、人形などの複雑な形状でも焼成できるようになった。

現在、畑萬陶苑はランプシェードや香水瓶といった、食器以外の小物の生産に力を入れている。これらは特に海外見本市で好評だと言う。「これからは世界に発信していきたいと考えています。特に香水瓶のように嗜好性の強いアイテムは、興味を持ってもらいやすい。これをきっかけに鍋島様式の伝統や技術を伝えていきたいと思います」と畑石さん。

伝統工芸を大きな柱にしながら、それをどう発展させていくべきか。畑萬陶苑の旺盛な改革はこの先も続く。

③

①

畑萬陶苑

②

④

HATAMANTOUEN

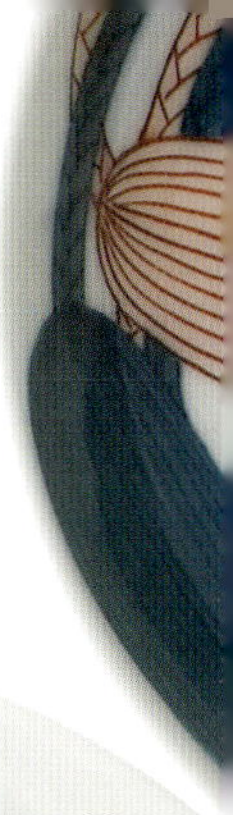

⑥

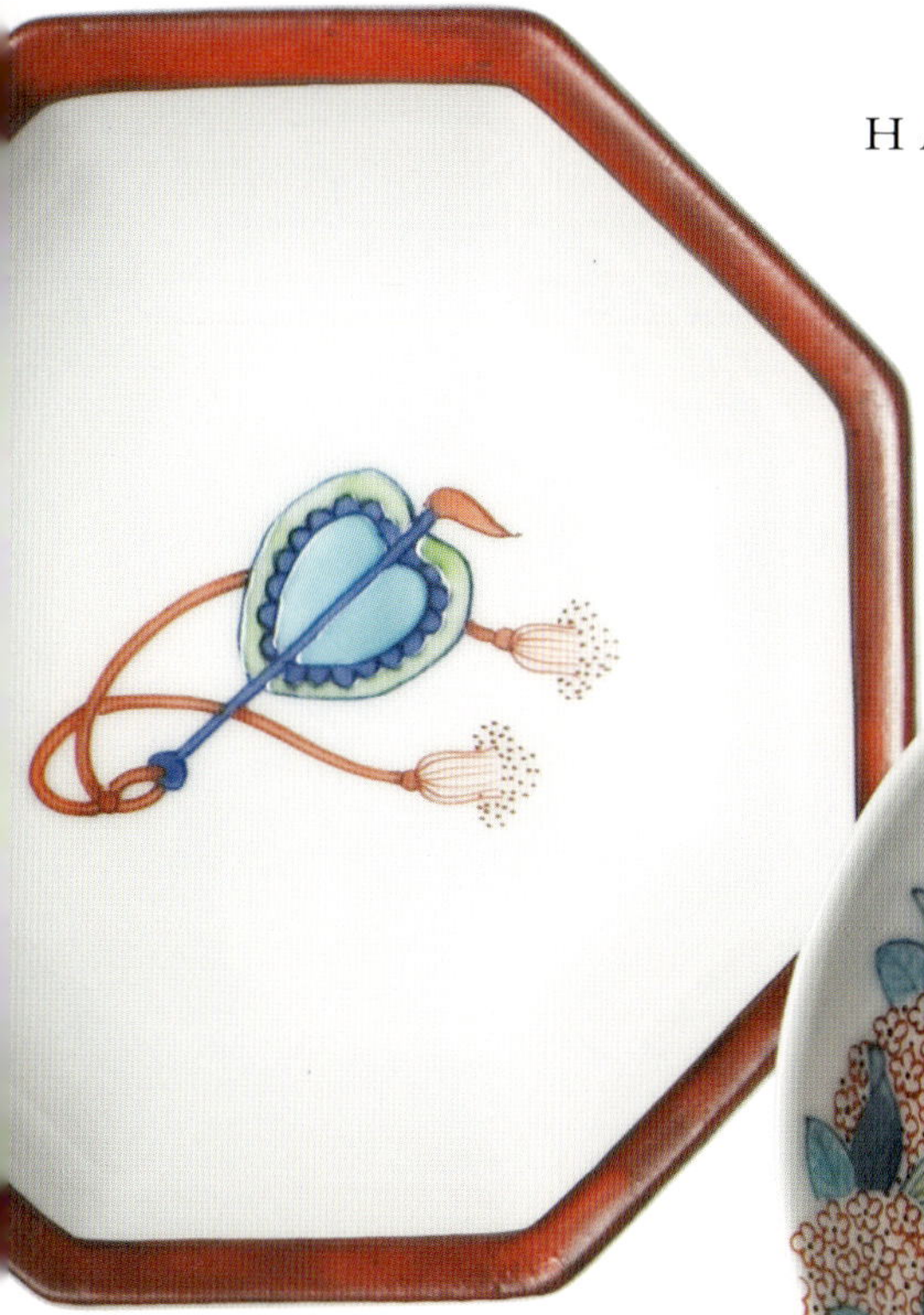

⑦

⑤

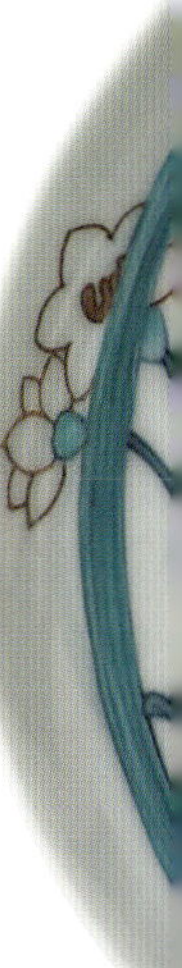

①キュイールデザイン笠文八角小皿
②キュイールデザイン宝袋八角小皿
③色絵組紐文大盃
④色絵バラ水仙大盃
⑤色絵小手まり大盃
⑥キュイールデザイン軍配八角小皿
⑦キュイールデザイン蓑文八角小皿
*写真はすべて原寸

瀬兵窯

瀬兵　瀬兵窯
佐賀県伊万里市大川内町平尾1964
☎0955-23-2749
http://www.sehyou.com

ショップ「陶筥」・ギャラリー「土の華」
佐賀県伊万里市大川内町乙1982
☎0955-23-2278
営業時間／9：00～17：30　無休

カフェ「響」
営業時間／平日9：00～16：00
土日祝9：00～17：00
水曜定休

精製しない陶土で 自然と調和する美しさを探求

やや灰色にくすんだ磁肌に、ところどころに見える黒い斑点。表面にはザラザラとした手触りを感じる。これが瀬兵窯の豆皿に触れた時の印象だ。

この黒い斑点やザラザラとした触感は、陶土に鉄や砂が混じっているため。それだけではない。生地を素焼きした際に破損や切削などで出る粉を、陶土に２割ほど混ぜて焼いている。灰色にくすんで見える磁肌はそのためだ。

瀬兵窯３代目の瀬戸口皓嗣さんは、この個性の強い焼物に力を入れたいと言う。きっかけは骨董店で「海上がり」（沈没船から引き上げた中国陶磁器）を見たこと。「汚れの中に美しさがあり、こういうものを作りたいと思いました」

瀬兵窯は１９２４年に創業。高度経済成長期には唐子文様の家庭用食器がヒットし、大きく成長した。瀬戸口さんが瀬兵窯を継いだ時には業務用食器や引出物を生産していたが、次第に業績が落ち、次に東京のレストラン向けに斬新なデザインの食器を開発した。商品は順調に売れたが、「一過性のものばかりを焼いていては、この先、何も残らないと気が付いて恐くなりました」と話す。

そこで頭に浮かんだキーワードが、天然素材だった。そもそも陶石には鉄が混じっているため、磁石で脱鉄をする。さらに硫酸をかけて鉄を溶かすのだが、それをそのまま川に流してしまう陶土メーカーもあり、自然を汚す原因となっている。「白磁の白さを引き出すために自然を汚すのでなく、自然と調和する方法を考えようと思いました」と瀬戸口さん。

陶土をあえて精製しない。廃棄するしかない素焼きの粉を再利用する。そうしたエコな考えの下に生まれた豆皿だからこそ、粗い仕上がりの中にホッとする美しさを見出せるのだろう。

SEHYOUGAMA

骨董のような雰囲気を醸し出す瀬兵窯の焼物

右頁・上／瀬兵窯３代目の瀬戸口皓嗣さん　右頁・下／瀬戸口さん自ら山で掘り出してきた陶石。陶土のほか、天然釉薬や絵具の原料となる　上／１階がショップ、２階がギャラリーで新商品を展示　左／１階奥がカフェで、食事と喫茶を楽しめる

瀬兵窯

①

②

③

SEHYOUGAMA

①古代花鳥丸小皿
②古代牡丹８角小皿
③古代花鳥ナブリ小皿
＊写真はすべて原寸
＊天然釉薬を使用しているため、色や柄に差異があります

山内地区

有田焼の経済成長を支えた
トンネル窯がここに

有田町の東に位置する武雄市。
数社の窯元が共同で運営する
近代的なトンネル窯があり、
高度経済成長期に窯元が歩んできた、
有田焼の産業の歴史を今に伝える。

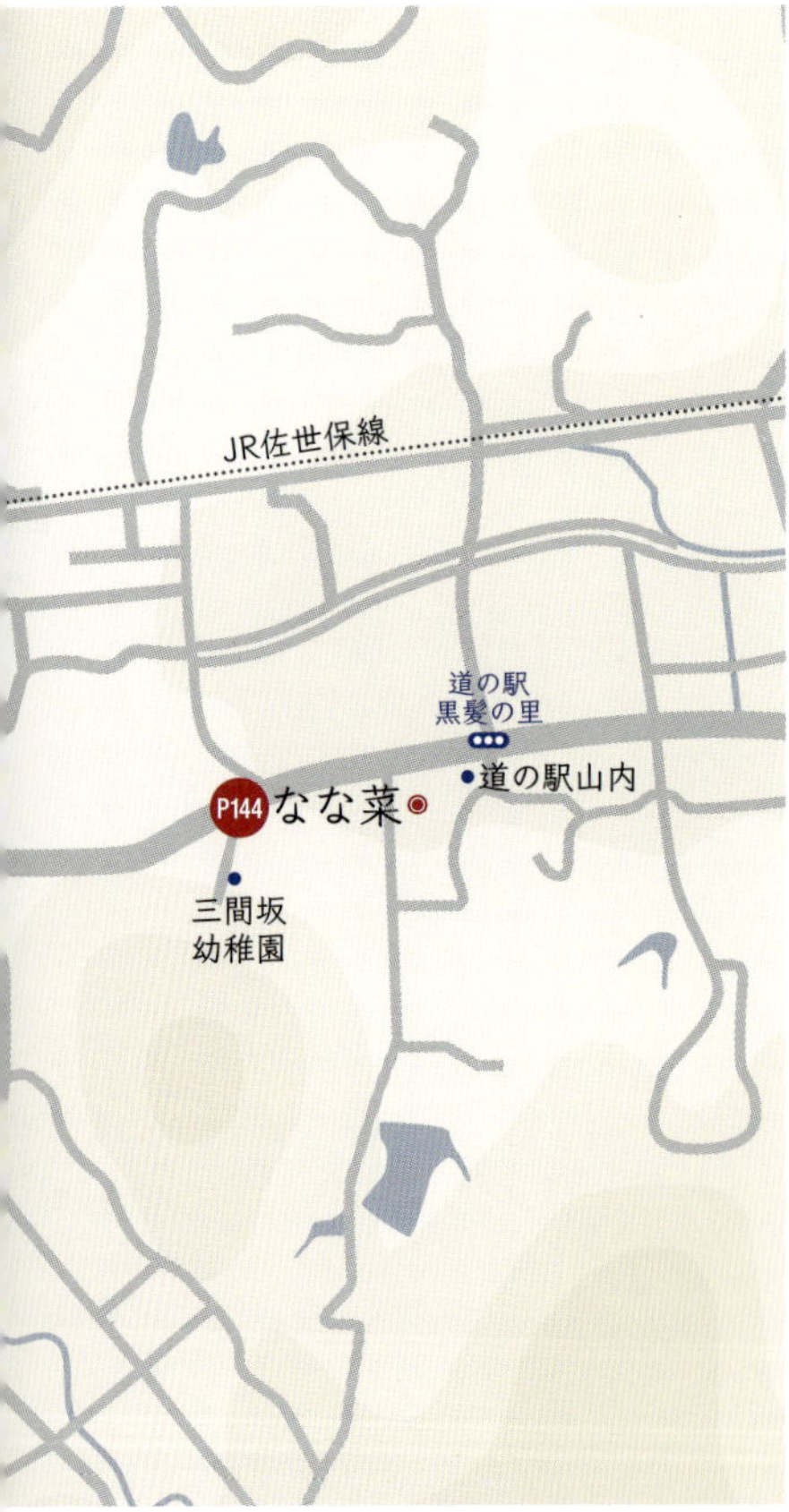

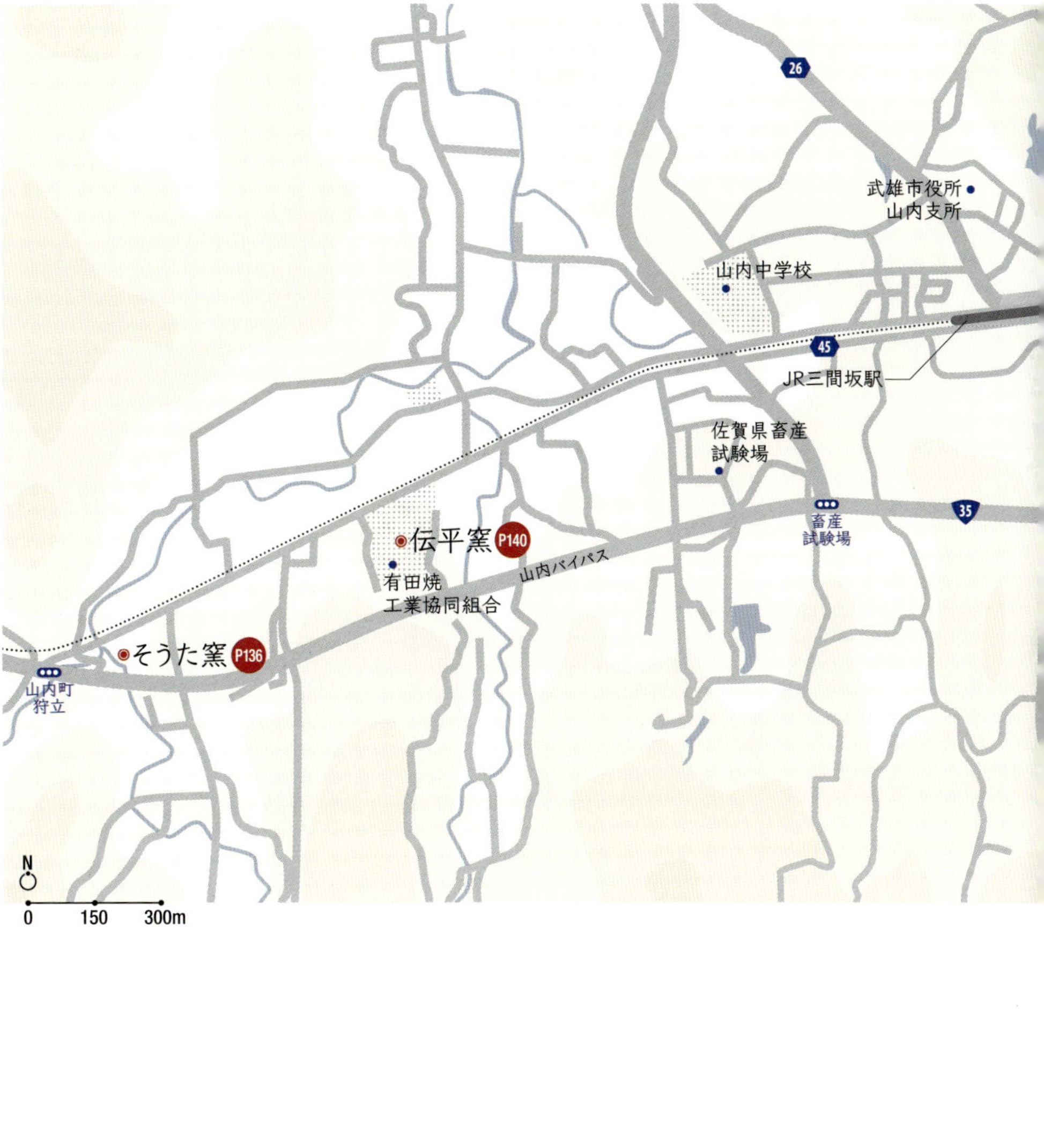

YAMAUCHI AREA MAP

そうた窯

SOUTAGAMA

濃紺の古代呉須で仕上げた 濃《だ》みたっぷりの染付

　昔の学校建築に用いられる工法で建てたそうた窯。工房内はスギの柱や梁、泥壁がむき出しになった素朴な造りで、仕切りのない抜けた空間にもかかわらず、整然とした様が印象的である。

　そうた窯は諸隈直哉さんが１９９６年

惣太窯　そうた窯
佐賀県武雄市山内町宮野24089-1
☎0954-45-6185
http://www.souta-kiln.com

ショールーム
営業時間／8：30～17：00
不定休
（土日祝は
要問い合わせ）

に開いた窯だ。祖父が築いた貞山窯で20年間働いた後、独立した。現在、諸限さんの兄が貞山窯3代目を受け継いでいる。そうた窯の名は諸限さんの先祖で、江戸時代に生きていた窯主、山口惣太左衛門の名から採っている。その窯は明治時代に途絶えたが、諸限さんの先祖に寄せる思いからこの名が付けられた。

　諸限さんは窯の仕事に就く前の4年間、米国を放浪していたユニークな経歴を持つ。帰国後、窯の手伝いをするうちに、「モノ作りが面白くなった」と言う。

　諸限さんが独立した理由は、ロクロ成形で焼物を作りたいという思いからだ。そこでロクロの名匠、中村平三さんにロクロの挽き方を3年間教わった。そうた窯の工房が整然としているのは、中村さんの指導による。「モノを作ることは人にモノを見せること。自分の汚れを人に見せるな」が教えだったと言う。

　ロクロ成形の魅力を諸限さんはこう話す。「ロクロで生地を挽くと、上が薄くて下が厚い形になり、器の安定感が増します。手で挽いたロクロ目の跡が残るので、手にも自然となじむんですよ」

　また、そうた窯は染付を得意とする。線描きよりも、塗りつぶす濃《だ》みの部分が多い絵柄を特徴とする。諸限さんの母もかつて濃み師だったと言う。呉須はコバルトの配合が多い「古代呉須」を使用し、濃紺の染付に仕上げている。

　古代呉須を使い、たっぷりとした濃みで描かれた豆皿は、小さいながらも大きな存在感で食卓を賑わせてくれる。

右頁・上／そうた窯の諸限直哉さん　右頁・下／成形した生地を乾燥させる　右上・上／専用の筆を使い、濃みで絵付けする　右上・下／古来中国で縁起物とされた雲海文様の器　左上／四畳半の畳敷きの間がショールームに　上／学校建築の工法で建てられた工房

そうた窯

SOUTAGAMA

①染付違い菱三.五多用皿
②染付丁子巴三.五多用皿
③染付三階松三.五多用皿
④染付巴紋三.五多用皿
⑤染付矢羽根三.五多用皿
⑥染付二段枡紋三.五多用皿
⑦染付三ツ柏三.五多用皿
⑧染付三ツ蛇の目三.五多用皿
⑨染付結び雁金三.五多用皿
＊写真はすべて原寸

⑦

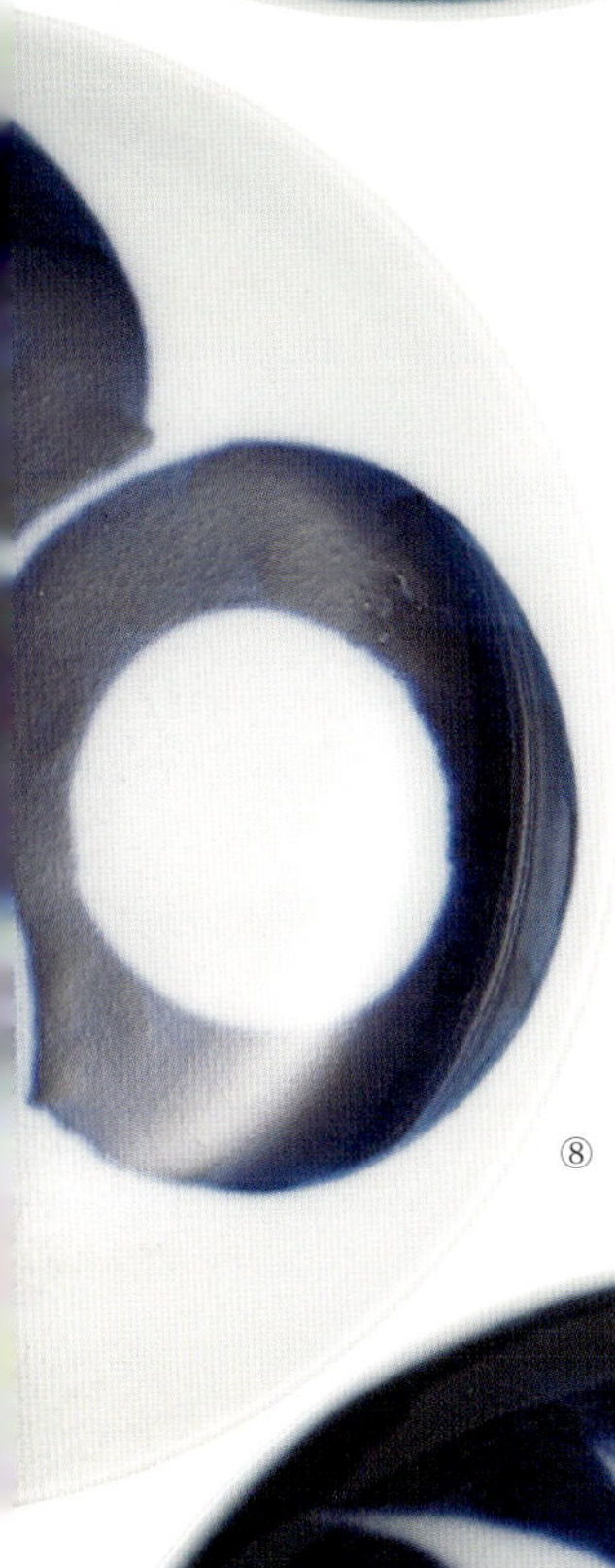

⑧

⑥

⑨

伝平窯

DENPEIGAMA

伝平窯
佐賀県武雄市山内町大字宮野23660
☎0954-45-2208

ショールーム
佐賀県西松浦郡有田町大樽1-6-7
営業時間／土日11：00～17：00
平日定休、祝日不定休（要問い合わせ）

トンネル窯で焼き上げる 重ねと仕切りの器

トンネル状になった長い窯。窯の入口から生地を台車に積んで入れると、トンネル内を通過する間に余熱、焼成、冷却が順に行われ、窯の出口から出てくる時には、生地が焼き上がる――。

19世紀末頃に欧州で実用化され、戦後、日本にも取り入れられたトンネル窯の1つが武雄市山内町にある。高度経済成長期に窯元10社で有田焼工業協同組合を設立し、共同でトンネル窯を備えた。

伝平窯はそのうちの1社だ。トンネル窯のメリットは、効率のいい焼き方をすることで燃料費を削減できることだ。

伝平窯は業務用食器を専門としてきたが、8代目を池田和史さんが継いだ際、家庭用食器にも着手した。「業務用食器に使われる磁器は固い雰囲気があったので、テクスチャーに工夫を凝らして、もっと柔らかい雰囲気の磁器を焼こうと考えました」と池田さんは話す。

それはまず型で成型し、型から生地を取り出して、表面を少し削り、再び型に戻して整えるという手法だ。成型の途中で表面をいじることで、まるで手で成形したような跡を残した。

また、業務用食器では新しい食文化を提案しようと「重ね」と「仕切り」をテーマに商品開発を行っている。重ねとは蓋を持つ器のこと。焼成時に収縮する焼物は、合わせ面の調整が難しいため、それを安定させる手法を開発した。仕切りとは1枚でありながら表面を分割した器のこと。仕切りに高低を付けて用途を多様にし、中央に穴を設けることで洗いやすさと水切りの良さを追求した。

豆皿にも、重ねや仕切りを発展させたユニークな形のものがある。「豆皿は、何に使うのか分からないのに欲しくなる、衝動買いを誘うアイテム。そこが面白い」と池田さん。伝平窯の豆皿は使い手の想像力を掻き立て、わくわくさせる。

右頁／トンネル窯の入口。生地をここから入れて焼成する　上／トンネル窯と並列して整然と生地を置き、乾燥させる　左／伝平窯8代目の池田和史さん　左端／各窯元の工房は壁とカーテンで仕切られている

DENPEIGAMA

伝平窯

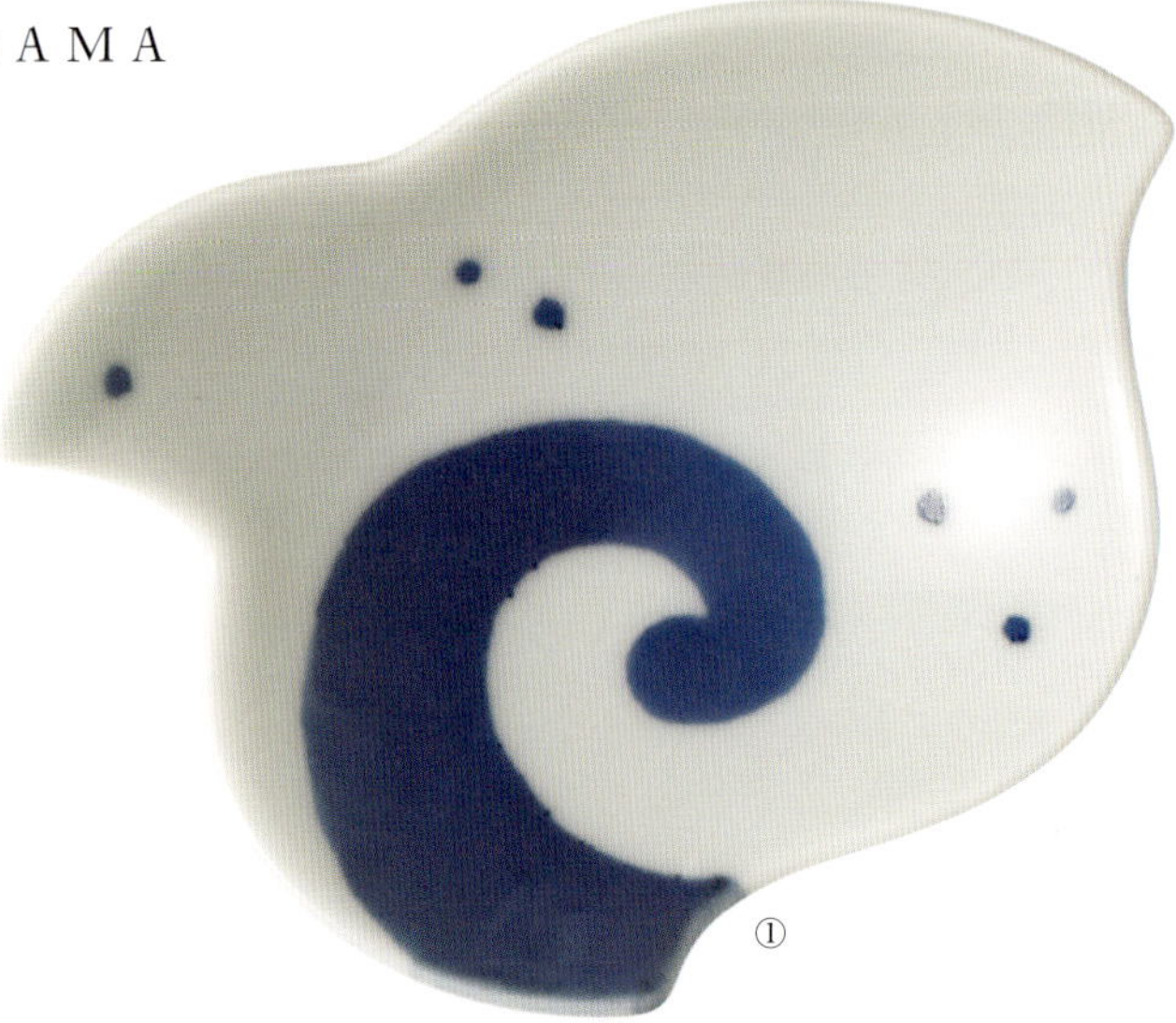

①

③

①古染波千鳥豆小皿
②染濃淡葉型三種皿
③筋斗雲雲豆小皿
④白マット桜豆皿
⑤月うさぎ兎豆小皿
⑥染朱濃十草豆付豆皿
＊写真はすべて原寸

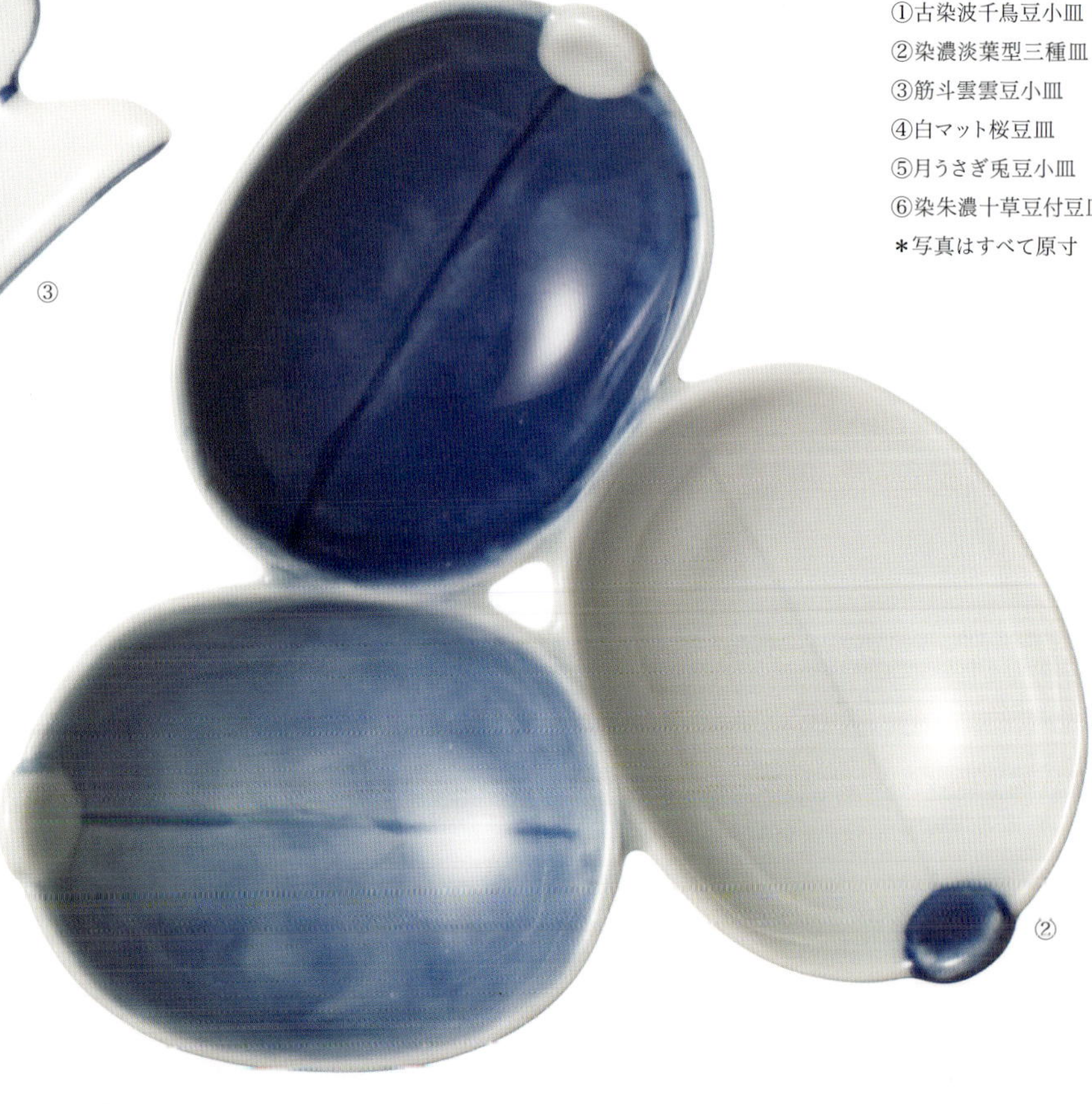

②

④
⑤
⑥

野のもてなし料理
なな菜

有田寄り道コラム
お食事編

佐賀県産の野菜を存分に味わえる
バイキングレストラン

武雄市山内町まで足を伸ばしたら、ランチタイムに立ち寄りたいのが、道の駅山内にあるバイキングレストラン、なな菜《さい》だ。佐賀県産の旬の食材を使った料理が常時40種類も並ぶ。食材は野菜を中心に、塩や醤油、味噌をベースにしたシンプルな味付けで、素材の持ち味を生かしながら、家庭料理とはひと味違う新しい食べ方を提案している。

なな菜の運営に携わる、フードプロデューサーの橋本祐充子さんは「車に例えると米や肉はガソリン、野菜は全身を調節するオイルです。葉物から根菜類までを用意しているので、普段不足しがちなビタミンやミネラルなどの補給の場として、なな菜を利用してほしい」と話す。

さらに注目したいのは、なな菜で使用している食器。山内町の有田焼工業協同組合に属する窯元7社と、プロダクトデザイナーの喜多俊之さんが共同開発した「アリタ ナナクラ」の「ハナ」シリーズを使用している。大胆な花形の白磁は料理を少しずつ盛るのに最適だ。

「美しい器をキャンバスにして、季節の色や香りを載せていくのも楽しみの1つです。器に料理が盛られ、器と料理とが一体になってこそ、両者は生きてきます。地元の有田焼と地元産の食材との共演で、佐賀の魅力を存分に味わってください」と橋本さんは続ける。

隣には販売所「黒髪の里」があり、佐賀県産の新鮮野菜を販売している。なな菜で食べておいしかった食材が、ここで実際に購入できるというわけだ。食事や休憩に、買い物に、1～2時間ほどかけてのんびり過ごしたい場所だ。

上／フードプロデューサーの橋本祐充子さん　左上／手作りの看板に味わいがある　左下／大テーブルに料理が並ぶ。ご飯やスープ、デザート、ドリンクなども充実　左頁／山内町で生産されている「アリタ ナナクラ」の皿に料理が映える

NONOMOTENASHIRYORI

NANASAI

野のもてなし料理　なな菜

佐賀県武雄市山内町大字三間坂甲14700

☎0954-45-6012　http://www.michinoeki-yamauchi.com

営業時間／平日11：00 ～ 15：00(14：00ラストオーダー)

土日祝11：00 ～ 16：00(15：00ラストオーダー)

12月30日～1月3日休み

※バイキング大人1,204円(税別)

吉田地区

波佐見町を越えて南へ
湯治客で賑わう温泉も楽しみ

長崎県波佐見町を挟んで、有田町の南に位置する嬉野市。界隈には嬉野温泉があり、宿泊客には嬉しい場所だ。街中の足湯や、窯元が運営するカフェでのんびりするのもおすすめ。

YOSHIDA AREA MAP

YOZANGAMA

与山窯

辻与製陶所　与山窯
佐賀県嬉野市嬉野町吉田丁4666
☎0954-43-9432
http://www.yozan-kiln.com

ショールーム
営業時間／月曜～土曜9：00～17：00　日祝定休

富士山を題材に様々な構図で描いた48景

大きく見れば有田焼だが、嬉野市で焼かれる焼物を地元では「肥前吉田焼」と区別して呼ぶ。その肥前吉田焼の歴史を背負いながら、柔軟な発想で新しいモノ作りに挑戦しているのが与山窯である。

与山窯の創業は1854年〜1860年の安政年間。初代の辻与介は禁裏御用窯元の辻常陸窯を営む辻家の出で、有田から離れ、吉田の地に窯を開いた。

現在、与山窯は6代目。先々代と先代の頃は、広東料理の盛り付けに使われるような高台が高い「京広東《きょうかんとん》」という器を生産し、人気を得ていた。

辻賢嗣さんが6代目を継いだ頃、ピーク時にはロクロ師が5人おり、様々な焼物を焼いたと言う。「動物の形ばかりを作るロクロ師もいました。常識にとらわれず、柔軟な発想で、何でも焼いていました」と辻さんは振り返る。

その後、毎回テーマを1つ決めてモノ作りをするようになった。その代表作が豆皿シリーズ「富士山48景」である。まるで浮世絵のように、いろいろな構図で富士山を取り入れ、それを48枚の豆皿に描いたものだ。

三方、四方、八方にある富士山、蛸唐草や菊文様に隠された富士山、松竹梅と共に描かれた富士山、ウサギやシカと共に描かれた富士山など……。その構図は実に大胆でユニークなものばかり。染付や色絵、また手描きや転写に描き足しと、絵付けの手法も様々だ。そうしたテーマ性のある焼物が与山窯にはたくさんアーカイブされており、最近、リメイクする機会が増えていると言う。

「市場のトレンドを追いかけてモノ作りをするよりも、独自の発想で、新しいモノ作りをする方がいい」と、辻さんは我が道を歩む。それが与山窯の個性であり、魅力となっている。

右頁・上／与山窯6代目の辻賢嗣さん　右頁・右下／作業台に絵付けの道具が並ぶ　右頁・左下／富士山以外の豆皿も多くストックされている　上／成形した生地を天日干しする　左／絵付け用の転写フィルムが豊富にある

①

②

与山窯

③

④

⑥

⑤

⑦

YOZANGAMA

①小紋富士図
②色絵唐草富士山図
③色絵若松富士山図
④赤絵花弁富士図
⑤赤絵四方割地紋
⑥色絵三方富士菊花文
⑦染錦蛸唐草富士山図
⑧染付祥瑞富士山図
＊写真はすべて原寸

⑧

224 porcelain

辻与製陶所　224 porcelain
佐賀県嬉野市嬉野町吉田丁4074
☎0954-43-9322　http://www.224porcelain.com

素材と新たに向き合い 肥前吉田焼を世に問う

224《にいにいよん》 porcelain《ポーセリン》は与山窯6代目の辻賢嗣さんの長男、辻諭さんが2012年1月に立ち上げたブランドだ。地元では有田焼とは区別して呼ぶ、嬉野市の「肥前吉田焼」を全国に広めたいという思いから立ち上げに至った。「有田焼とは差別化したモノ作りで、肥前吉田焼のファンを作りたい」と辻さんは話す。

知人を介して知り合った東京在住のプロダクトデザイナーの五島史士さん、馬渕晃さんと共に商品開発を進めている。「夜中に3人でスカイプを通じて定期的に会議を行い、コンセプトを固めていきました」と辻さんは振り返る。

224 porcelainが軸としたのは、素材と向き合うことである。「焼物は山を削って石を採り、二酸化炭素をたくさん排

右頁／224 porcelainの辻諭さん　右上／辻与製陶所と同じ工房で商品開発に取り組む　上2点／1階がカフェで、2階がショップ。客が長居できる空間作りに努めた

224 shop / saryo
佐賀県嬉野市嬉野町大字下宿乙909-1
☎0954-43-1220
http://224porcelain.com/shop

224 shop
営業時間／平日10：00～16：00
土日10：00～18：00
水曜定休

224 saryo
営業時間／金曜21：00～24：00
土日・月曜祝日
10：00～17：00
21：00～24：00
月曜～木曜、月曜以外の祝日定休

出して焼成するもの。言わば、地球を壊して行う仕事です。だったら、せめて人の心をもっと豊かにする焼物を作りたいと思いました」と辻さん。

例えば多孔質セラミックという特殊な陶土を利用した、紙が不要のコーヒーフィルターやフレグランスポット。梨地の釉薬を掛け、顔料でカラフルに色付けした朝食用の豆皿。陶土に細かい石を混ぜて、陶器のように柔らかな雰囲気を表現した豆皿などがある。

「肥前吉田焼には有田焼のように何か様式があるわけではありません。だから自由な表現ができるし、自分の様式を未来に1つ残すくらいの気概を持って取り組んでいます」と辻さんの目が輝く。

2015年2月には嬉野市内に「224 shop/saryo」を開店した。嬉野市の名産品である嬉野茶を供するカフェと、224 porcelainの全商品を展示するショップである。店を通して224 porcelainのファン作り、ひいては肥前吉田焼のファン作りへと、辻さんは地道につなげようとしている。

224 porcelain

①

③

①ふぶき9.5cm皿
②おにぎりwhite
③nashijiプレートSバニラ
④nashijiプレートS白磁
⑤nashijiプレートSセサミ
＊写真はすべて原寸

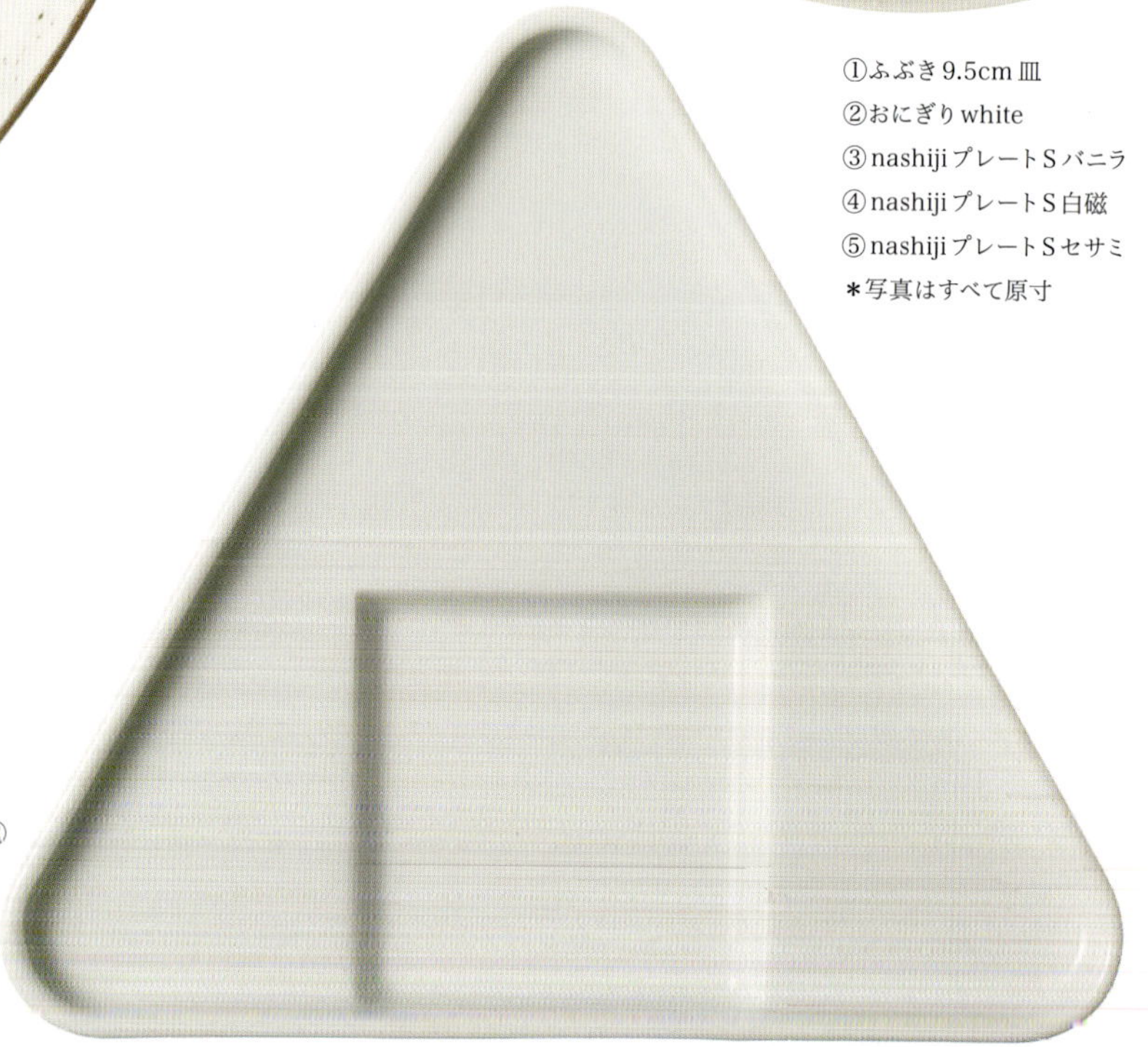

②

④
⑤

副千製陶所

有田寄り道コラム

番外編

切削機で化粧土を削り取ると水玉ができる

副千製陶所
佐賀県嬉野市嬉野町大字吉田丁4116-14
☎0954-43-9704

日本人に長く愛されてきた 水玉模様を嬉野市で発見

旅館や食堂などで使われてきた、昔ながらの水玉模様の土瓶と湯呑み――。日本人なら誰もが一度はこれを目にしたことがあるに違いない。

嬉野市で高度経済成長期に大量に作られたこの水玉模様の茶器を、今なお生産しているのが副千製陶所である。今ではただ1社のみとなってしまった。

あの水玉模様はどうやって作られているのか。成形した生地の上に、青色の顔料を混ぜた「化粧土《けしょうど》」を塗り、乾燥させてから、機械で円形に削り取るのだ。その切削作業は職人が1つひとつの生地を手に持って丁寧に行う。

今、新たに水玉模様の茶器がロングライフデザインとして注目を浴び、若い世代の間で「新鮮なデザイン」として見直されている。日本人に長く愛されるこうした焼物が嬉野市で今も作られていることを、記憶にとどめておいてほしい。

昔ながらの旅館や食堂などでよく見る水玉土瓶

THE HISTORY of TESHIOZARA

有田豆皿の原点

手塩皿の歴史

歴史の偶然から生まれた日本の食生活に根ざした皿

染付鷺矢羽根文小皿
1630～1640年代
佐賀県立九州陶磁文化館
柴田夫妻コレクション(国登録有形文化財)
所蔵、以下同じ

有田豆皿の原点は、１６４０年代に日本で生まれた「手塩皿」である。

古来、日本人の食事の形式はこうだった。膳の中心に飯碗、汁椀、主菜を盛る五寸皿を並べ、その向こうに副菜を盛る猪口《ちょこ》（向付《むこうづけ》）を置き、手前に箸、箸の脇に手塩皿を置いた。

つまり手塩皿とは、手前に置く塩皿のこと。塩を盛るだけでなく、醤油、酢などを注ぐこともあった。要するに調味料入れだったのだ。寸法は皿の中で最も小さい三寸（約10センチ）前後である。

日本では、元々、中国から磁器を輸入して使用していた。１６１６年に日本で磁器を焼き始めてからも、中国磁器の方が品質に優れていたため、日本の磁器はあまり人気がなかったのだ。

　ところが、1644年に中国王朝が明から清へと代わる際に、中国国内で内乱が勃発。中国の窯業地域は大打撃を受け、中国は磁器の輸出ができなくなってしまう。そこで中国に代わって、世界の磁器生産の中心となったのが有田だった。この歴史的変動により、有田は大産地へと一気に発展を遂げる。手塩皿が生まれたきっかけも実はここにあった。

「日本の商人は、日本の食生活に合った食器を産地へ直接発注するようになりました。それまで中国磁器に対してできなかったサイズや形、絵柄の指示ができるようになったのです。その代表が手塩皿や長皿でした。この頃から日本独自の食器が生まれ、流行し始めました」と、有田焼の歴史に詳しい、九州陶磁文化館名誉顧問の大橋康二さんは言う。

　中国には、日本のように手塩皿を使う食文化がない。三寸皿が多少あるにはあるが、中心は五寸皿と七寸皿である。それは欧州でも然りだ。

染付兎文兎形小皿
1660〜1680年代

色絵菊文菊花形小皿
1650〜1660年代

染付七宝文瓢箪形小皿
1640〜1650年代

　ただし手塩皿が誕生した当時、日本でこれを使うのは上流階級に限られていた。手塩皿は高級品とされていたのだ。「調味料をわざわざ別の皿に盛ることが裕福の証でした。それに対し、庶民が使ったのは磁器でも陶器でもなく、木の器。1つの食器に主菜も調味料も一緒に盛って食事をしました」と大橋さんは解説する。

　手塩皿が庶民に伝わるのは、江戸中期以降だ。武家社会から町人社会へと時代が変わり、経済力をつけた中産階級の人々が、上流階級の暮らしを真似て磁器を使うようになったのだ。さらに江戸後期になると、有田以外の窯業地域でも磁器を量産するようになり、庶民の誰もが磁器を使うまでに至った。

　江戸後期は、手塩皿のデザインに変化が見られた時代でもある。「中国から輸入していた呉須の品質が変わり、染付の色調が冴えた青から黒っぽい青へと変わりました。文様にも変化が見られます。清朝の影響を受けて、コウモリが吉祥文様として流行り、さかんに描かれるようになりました。元々、コウモリは日本で好まれる動物ではなかったんです。麒麟《きりん》や唐獅子などの仮想動物もよく描かれるようになりました」と大橋さん。

手塩皿の生産は、型を用いた成型法の発展にも寄与した。江戸時代に主に使用した型は、粘土を素焼きした土型である。均一な厚みに伸ばした板状の陶土を、土型に押し当てて成型した。一般的にこの手法を「たたら成型」と呼ぶが、有田では「糸切り細工」と呼ぶ。小さな手塩皿は五寸皿や七寸皿と比べ、変形が多い。変形には成型法が向いていたのだ。

明治時代以降は、手塩皿のデザインにあまり変化が見られない。しかし時が現

染付牡丹文花形小皿
１６７０〜１６９０年代

色絵竹虎文小皿
１６８０〜１７１０年代

染付菊文変形手塩皿
１６９０〜１７２０年代

色絵婦人花唐草文小皿
１７００〜１７３０年代

色絵牡丹菊文小皿
1730 ～ 1760年代

染付花菱文富士山形手塩皿
1700 ～ 1740年代

染付岩唐子文輪花小皿
1780 ～ 1820年代

染付山水文木瓜形小皿
1750 ～ 1780年代

THE HISTORY of TESHIOZARA

染付卍繋花卉文輪花手塩皿
1800～1840年代

色絵麒麟文八角手塩皿
1790～1810年代

染付鳳凰花卉文手塩皿
1850～1890年代

染付唐草文長手塩皿
1820～1860年代

代へと近づくうち、日本人の食文化が多様になり、食事の形式が変わったことが、手塩皿の使い方にも変化を及ぼした。かつては食事の形式や用途に合わせて、器の寸法や形状を決めていたが、現代はそこまで厳密なものではなくなっている。

「今では1人が所有する食器の数が減り、1枚で多用途に使える食器が重宝されるようになりました。だから手塩皿も調味料入れとしてだけでなく、副菜や菓子を盛るなど、もっと楽しい使い方が求められています。手塩皿の役目は、言わば食卓を彩るワンポイントでしょうか」と大橋さんは言う。

手塩皿という名称も現代ではあまり使われなくなり、醤油皿や豆皿と呼ばれるようになった。しかし用途や呼び名が変わろうとも、日本人が小さな皿を愛でる気持ちは、永遠に変わらない。

＊記載項目は下記の通り

品番
商品名
商品サイズ
商品重量
価格（すべて税別表示）
JANコード　　　　原寸商品掲載ページ

＊サイズと重量には多少の誤差があります

有田豆皿一覧

ARITAMAMEZARA LIST

福珠窯

JKS-FJ-01
染付植栽図（放射）
6cmエレメントプレート
φ56×H7.5mm
27g
¥2,000
4515280051940
P17

JKS-FJ-02
染付植栽図（素描）
6cmエレメントプレート
φ56×H7.5mm
27g
¥2,000
4515280051957
P17

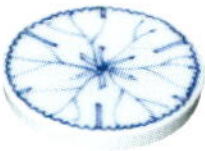

JKS-FJ-03
赤絵紅葉
6cmエレメントプレート
φ56×H7.5mm
27g
¥2,000
4515280051964
P17

JKS-FJ-04
染付植栽図（濃《だ》み）
6cmエレメントプレート
φ56×H7.5mm
27g
¥2,000
4515280051971
P17

JKS-FJ-05
染付伊万里濃み菊豆皿
φ45.5×H8mm
15g
¥1,000
4515280051988
P16

JKS-FJ-06
染付伊万里山水豆皿
φ45.5×H8mm
15g
¥1,250
4515280051995
P16

JKS-FJ-07
染付伊万里芙蓉手豆皿
φ45.5×H8mm
15g
¥1,000
4515280052008
P16

JKS-FJ-08
染付伊万里花豆皿
φ45.5×H8mm
15g
¥750
4515280052015
P16

李荘窯

JKS-RS-01
孔雀変形小皿
W131×D90×H23mm
70g
¥10,000
4515280052077
P25

JKS-RS-02
渕錆松絵（裏に松葉）
州浜形皿
W133×D89×H24mm
97g
¥5,000
4515280052084
P25

JKS-RS-03
外濃宝袋三寸平小皿
φ90×H11.5mm
58g
¥2,000
4515280052091
P24

JKS-RS-04
染付山水富士文三寸平小皿
φ90×H11.5mm
58g
¥1,900
4515280052107
P24

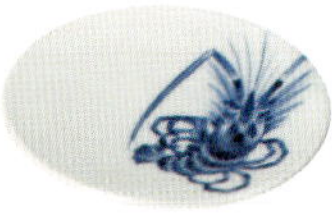

JKS-RS-05
染付海老絵三寸平小皿
φ90×H11.5mm
58g
¥2,500
4515280052114
P24

渓山窯

JKS-KZ-01
染付芙蓉手見込草花菊型３寸小皿
φ89×H19.5mm
80g
¥2,400
4515280052022
P20

JKS-KZ-02
染付蛸唐草松竹梅菊型３寸小皿
φ89×H19.5mm
80g
¥2,400
4515280052039
P20

JKS-KZ-03
染付外濃蛸唐草山水菊型３寸小皿
φ89×H19.5mm
80g
¥3,000
4515280052046
P21

JKS-KZ-04
錦牡丹菊型３寸小皿
φ89×H19.5mm
80g
¥2,600
4515280053340
P21

JKS-KZ-05
染付牡丹菊型３寸小皿
φ89×H19.5mm
80g
¥2,600
4515280052060
P21

辻常陸窯

JKS-TH-04
染錦薊文小皿(八角)
W94×D94×H20.5mm
95g
¥2,500
4515280052176
P35

JKS-TH-05
染錦萩文小皿(八角)
W94×D94×H20.5mm
95g
¥2,500
4515280052183
P34

JKS-TH-06
染錦撫子文小皿(八角)
W94×D94×H20.5mm
95g
¥2,500
4515280052190
P34

香蘭社

JKS-KR-01
梅豆皿
W82×D82×H19mm
44g
¥800
4515280052206
P41

JKS-KR-02
赤濃瓢だ円小皿
W122×D102×H27mm
100g
¥2,000
4515280052213
P41

今右衛門窯

JKS-IE-01
色鍋島瓔珞文皿
W94×D76×H25mm
70g
¥20,000
4515280052121
P31

JKS-IE-02
色鍋島唐人文皿
W95.5×D71×H22mm
54g
¥30,000
4515280052138
P30

辻常陸窯

JKS-TH-01
染錦桔梗文小皿(八角)
W94×D94×H20.5mm
95g
¥2,500
4515280052145
P34

JKS-TH-02
染錦白鷺文小皿(八角)
W94×D94×H20.5mm
95g
¥3,000
4515280052152
P35

JKS-TH-03
染錦えんどう文小皿(八角)
W94×D94×H20.5mm
95g
¥2,500
4515280052169
P34

今村製陶

JKS-IM-01
箸置き剣《つるぎ》2個入り
各W34.5×D69.5×H12mm
各17g
¥1,200
4515280052961

P51

JKS-IM-02
箸置き沢瀉《おもだか》2個入り
各W62×D60×H12mm
各25g
¥1,400
4515280052978

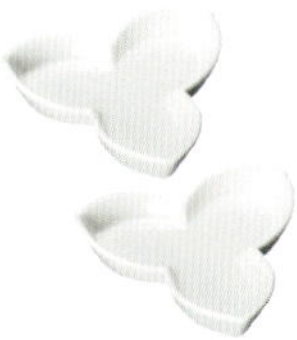

P51

JKS-IM-03
箸置き二葉《ふたば》2個入り
各W33×D69×H12mm
各19g
¥1,200
4515280052985

P50

皓洋窯

JKS-KY-01
染付木の葉そりボウル(小)
φ65.5×H26mm
39g
¥1,000
4515280052992

P60

JKS-KY-02
染付リビリーフそりボウル(小)
φ65.5×H26mm
39g
¥1,000
4515280053005

P60

香蘭社

JKS-KR-03
オーキッドレース小皿
φ120×H20mm
93g
¥960
4515280052220

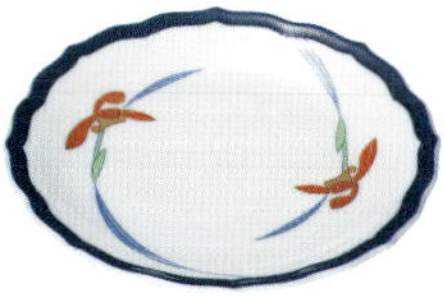

P40

JKS-KR-04
うさぎ小皿
φ104×H21mm
72g
¥1,200
4515280052237

P40

深川製磁

JKS-FG-01
瑠璃染(一)ひさご小皿
W90×D95×H30mm
80g
¥2,800
4515280053432

P47

JKS-FG-02
瑠璃染(二)ひさご小皿
W90×D95×H30mm
80g
¥2,800
4515280053449

P47

JKS-FG-03
瑠璃染(三)ひさご小皿
W90×D95×H30mm
80g
¥2,800
4515280053456

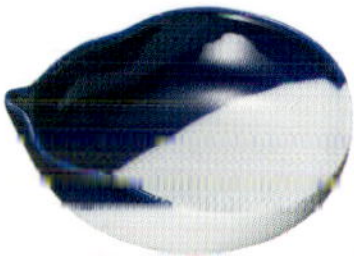

P46

3枚セット
JKS-FG-04
瑠璃染ひさご三つ組皿
¥8,000
4515280052244

藤巻製陶

JKS-FM-01
プラティボウル(S)ブルー
W81×D81×H36.5mm
52g
¥1,000
4515280053029

P65

JKS-FM-02
プラティボウル(S)グリーン
W81×D81×H36.5mm
52g
¥1,000
4515280053036

P65

JKS-FM-03
プラティボウル(S)ピンク
W81×D81×H36.5mm
52g
¥1,000
4515280053043

P65

JKS-FM-04
プラティボウル(S)パープル
W81×D81×H36.5mm
52g
¥1,000
4515280053050

P65

JKS-FM-05
プラティボウル(S)オレンジ
W81×D81×H36.5mm
52g
¥1,000
4515280053067

P65

JKS-FM-06
銀杏型手塩皿青白磁
W82×D106×H12mm
50g
¥1,000
4515280052305

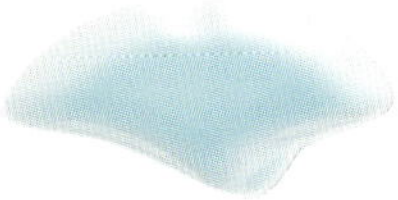

P64

皓洋窯

JKS-KY-03
染錦丸紋つなぎ楕円豆皿
W86×D66×H22mm
47g
¥1,000
4515280052251

P61

JKS-KY-04
染付なすび楕円豆皿
W86×D66×H22mm
47g
¥1,000
4515280052268

P61

JKS-KY-05
ゴスサビ十草リム楕円豆皿
W80×D75×H23mm
46g
¥1,000
4515280052275

P61

JKS-KY-06
濃小花菊割豆皿
φ77×H26mm
46g
¥1,000
4515280052282

P61

JKS-KY-07
うずめだか丸小付
φ76×H30mm
46g
¥1,000
4515280053012

P60

JKS-KY-08
錦剣先小花菊割豆皿
φ77×H26mm
46g
¥1,000
4515280052299

P61

やま平窯

JKS-YH-05
イタリア小皿
φ106×H22.5mm
80g
¥800
4515280052367
P68

JKS-YH-06
オランダ小皿
φ106×H22.5mm
80g
¥800
4515280052374
P68

JKS-YH-07
イタリアピューター角豆皿
W58×D58×H17mm
26g
¥800
4515280052381
P69

JKS-YH-08
イタリア角豆皿
W58×D58×H17mm
26g
¥460
4515280052398
P69

JKS-YH-09
オランダ角豆皿
W58×D58×H17mm
26g
¥460
4515280052404
P69

藤巻製陶

JKS-FM-07
銀杏型手塩皿白磁
W82×D106×H12mm
38g
¥1,000
4515280052312
P64

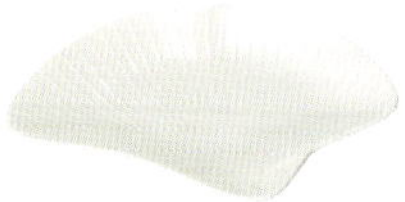

やま平窯

JKS-YH-01
イタリアピューター菊割小皿
φ108×H22.5mm
75g
¥1,600
4515280052329
P68

JKS-YH-02
イタリア菊割小皿
φ108×H22.5mm
75g
¥920
4515280052336
P68

JKS-YH-03
オランダ菊割小皿
φ108×H22.5mm
75g
¥920
4515280052343
P68

JKS-YH-04
イタリアピューター小皿
φ106×H22.5mm
80g
¥1,550
4515280052350
P68

陶悦窯

JKS-TE-03
晶金ひとかすり
三組小付
W138.5×D103×H27mm
110g
¥1,120
4515280053098
P82

JKS-TE-04
変わり掛分
三組小付
W138.5×D103×H27mm
114g
¥1,120
4515280053104
P83

JKS-TE-05
白磁巻文
四組小付
W137×D137×H27mm
153g
¥1,280
4515280053111
P82

柿右衛門窯

JKS-KE-01
錦松竹梅文六方梅形小皿
W102.5×D107×H26mm
78g
¥11,000
4515280052411
P79

JKS-KE-02
錦花実文縁反豆皿
φ108×H22mm
64g
¥9,000
4515280052428
P78

JKS-KE-03
錦松文五方割小皿
W115×D115×H35mm
89g
¥12,000
4515280052435
P79

源右衛門窯

JKS-GE-01
染錦草花紋猪口
φ77×H32mm
55g
¥5,400
4515280053128
P93

JKS-GE-02
赤濃菊唐草猪口
φ83×H32mm
71g
¥9,600
4515280053135
P93

陶悦窯

JKS-TE-01
釉裏紅巻文
三組小付
W138.5×D103×H27mm
112g
¥1,120
4515280053074
P83

JKS-TE-02
天目抜巻文二組小付
W61×D115×H30mm
81g
¥880
4515280053081
P82

しん窯

JKS-SN-03
染錦(朱)稲穂輪花小皿
φ106×H21.5mm
88g
¥2,500
4515280052466

P99

JKS-SN-04
カール紅毛人舟型小付
W97×D76×H40mm
56g
¥900
4515280036008

P98

JKS-SN-05
オランダ船舟型小付
W97×D76×H40mm
56g
¥900
4515280036039

P98

JKS-SN-06
マント異人舟型小付
W97×D76×H40mm
56g
¥900
4515280036022

P98

JKS-SN-07
パイプ異人舟型小付
W97×D76×H40mm
56g
¥900
4515280035995

P98

JKS-SN-08
後姿舟型小付
W97×D76×H40mm
56g
¥900
4515280036015

P98

源右衛門窯

JKS-GE-03
染錦花唐草猪口
W80.5×D60×H19.5mm
63g
¥5,000
4515280053142

P92

JKS-GE-04
染錦古代花鳥(柘榴絵)猪口
W80.5×D60×H19.5mm
63g
¥6,000
4515280053159

P92

JKS-GE-05
染錦更紗手花蝶文豆皿
φ91×H19mm
67g
¥8,000
4515280052442

P93

しん窯

JKS-SN-01
染錦(緑)稲穂輪花小皿
φ106×H21.5mm
88g
¥2,500
4515280052459

P99

JKS-SN-02
染錦(黄)稲穂輪花小皿
φ106×H21.5mm
88g
¥2,500
4515280053333
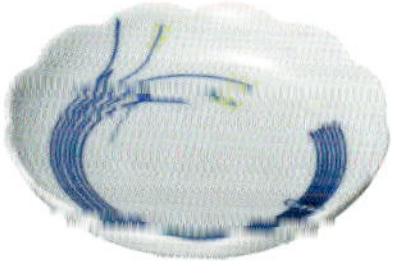
P99

徳幸窯

JKS-TK-01
亀珍味
W73.5×D49×H29mm
45g
¥1,800
4515280053166

P107

JKS-TK-02
鶴珍味
W83×D56×H37.5mm
27g
¥1,800
4515280053173

P107

JKS-TK-03
松型小付
W56.5×D45.5×H35mm
44g
¥2,000
4515280053180

P106

JKS-TK-04
竹型小付
W44.5×D44.5×H38mm
44g
¥2,000
4515280053197

P106

JKS-TK-05
梅型小付
W49×D49×H32mm
36g
¥2,000
4515280053203

P106

利久窯

JKS-RK-01
ストライプ角豆皿
W88×D88×H16mm
79g
¥1,800
4515280052473

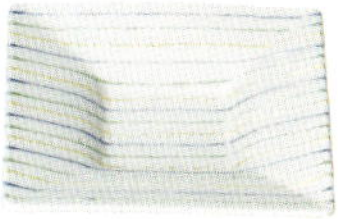

P103

JKS-RK-02
サクラ豆皿
ϕ85.5×H16mm
59g
¥1,800
4515280052480

P103

JKS-RK-03
ドット豆皿
ϕ87×H18mm
40g
¥1,800
4515280052497

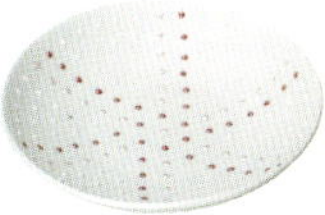

P102

JKS-RK-04
レース豆皿
ϕ84×H20mm
56g
¥1,800
4515280052503

P103

JKS-RK-05
ライン豆皿
ϕ84×H20mm
56g
¥1,800
4515280052510

P103

JKS-RK-06
カラクサ豆皿
ϕ84×H20mm
56g
¥1,800
4515280052527

P103

福泉窯

JKS-FS-07
染付濃松竹梅枡型小皿
W71.5×D71.5×H25mm
54g
¥2,600
4515280052558

P111

梶謙製磁社

JKS-KK-01
青海波
W86×D64.5×H27mm
52g
¥1,500
4515280053258

P114

JKS-KK-02
宝袋
W86×D64.5×H27mm
52g
¥1,500
4515280053265

P115

JKS-KK-03
宝紐
W86×D64.5×H27mm
52g
¥1,500
4515280053272

P114

JKS-KK-04
宝物
W86×D64.5×H27mm
52g
¥1,500
4515280053289

P115

福泉窯

JKS-FS-01
染付書き山水舟型小付
W76.5×D60×H31mm
52g
¥2,500
4515280053210

P110

JKS-FS-02
染付山水舟型小付
W76.5×D60×H31mm
52g
¥2,500
4515280053227

P110

JKS-FS-03
染付間取芙蓉手木甲型千代口
W84×D79×H30mm
62g
¥3,000
4515280053234

P110

JKS-FS-04
染付シダ紋三方押珍味
φ87×H30mm
55g
¥3,800
4515280053241

P110

JKS-FS-05
染付花散し枡型小皿
W71.5×D71.5×H25mm
54g
¥2,600
4515280052534

P111

JKS-FS-06
染付変り絵捻り紋枡型小皿
W71.5×D71.5×H25mm
54g
¥2,600
4515280052541

P111

伝作窯

JKS-DS-05
シャイニングチャイナ
さくら豆皿
φ105×H23mm
66g
¥2,500
4515280052602

P121

梶謙製磁社

JKS-KK-05
宝ひさご
W86×D64.5×H27mm
52g
¥1,500
4515280053296

P115

畑萬陶苑

JKS-HM-01
色絵小手まり大盃
φ95×H32mm
60g
¥18,000
4515280053302

P129

JKS-HM-02
色絵バラ水仙大盃
φ95×H32mm
60g
¥16,000
4515280053319

P128

JKS-HM-03
色絵組紐文大盃
φ95×H32mm
60g
¥16,000
4515280053326

P128

JKS-HM-04
キュイールデザイン
宝袋八角小皿
W99×D99×H21.5mm
75g
¥6,000
4515280052619

P128

伝作窯

JKS-DS-01
平成鍋島花筏豆皿
φ116×H23mm
97g
¥25,000
4515280052565

P121

JKS-DS-02
平成鍋島秋草豆皿
φ118×H23mm
106g
¥25,000
4515280052572

P120

JKS-DS-03
シャイニングチャイナ
もみじ豆皿
φ105×H23mm
66g
¥2,500
4515280052589

P120

JKS-DS-04
シャイニングチャイナ
うめ豆皿
φ105×H23mm
66g
¥2,500
4515280052596

P120

瀬兵窯

JKS-SH-03
古代花鳥ナブリ小皿
φ115×H15mm
84g
¥4,500
4515280052671

P133

そうた窯

JKS-ST-01
染付丁子巴
三.五多用皿
φ103.5×H23.5mm
67g
¥1,200
4515280052688

P138

JKS-ST-02
染付違い菱
三.五多用皿
φ103.5×H23.5mm
67g
¥1,200
4515280052695

P138

JKS-ST-03
染付三階松
三.五多用皿
φ103.5×H23.5mm
67g
¥1,200
4515280052701

P138

JKS-ST-04
染付三ツ蛇の目
三.五多用皿
φ103.5×H23.5mm
67g
¥1,200
4515280052718

P139

畑萬陶苑

JKS-HM-05
キュイールデザイン
軍配八角小皿
W99×D99×H21.5mm
75g
¥6,000
4515280052626

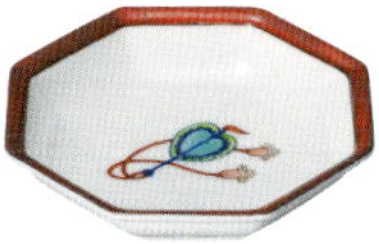

P129

JKS-HM-06
キュイールデザイン
蓑文八角小皿
W99×D99×H21.5mm
75g
¥6,000
4515280052633

P129

JKS-HM-07
キュイールデザイン
笠文八角小皿
W99×D99×H21.5mm
75g
¥6,000
4515280052640

P128

瀬兵窯

JKS-SH-01
古代牡丹8角小皿
W120×D120×H20mm
172g
¥5,000
4515280052657

P132

JKS-SH-02
古代花鳥丸小皿
φ107×H15mm
104g
¥4,000
4515280052664

P102

伝平窯

JKS-DP-01
白マット桜豆皿
W86.5×D65×H30mm
44g
¥1,100
4515280052770
P143

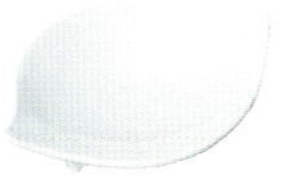

JKS-DP-02
染濃淡葉型三種皿
W114×D105×H28mm
84g
¥1,500
4515280052787
P142

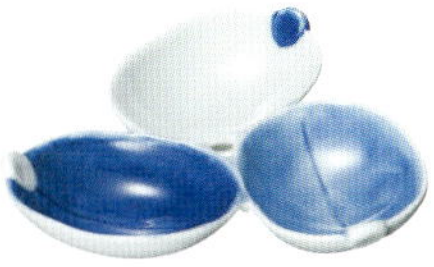

JKS-DP-03
染朱濃十草豆付豆皿
W76.5×D71.5×H29mm
45g
¥1,600
4515280052794
P143

JKS-DP-04
筋斗雲雲豆小皿
W94.5×D65×H20mm
52g
¥1,500
4515280052800
P143

JKS-DP-05
月うさぎ兎豆小皿
W72×D100×H24.5mm
51g
¥1,500
4515280052817
P143

JKS-DP-06
古染波千鳥豆小皿
W87×D71×H24.5mm
42g
¥1,500
4515280052824
P142

そうた窯

JKS-ST-05
染付巴紋
三.五多用皿
φ103.5×H23.5mm
67g
¥1,200
4515280052725
P138

JKS-ST-06
染付二段枡紋
三.五多用皿
φ103.5×H23.5mm
67g
¥1,200
4515280052732
P139

JKS-ST-07
染付結び雁金
三.五多用皿
φ103.5×H23.5mm
67g
¥1,200
4515280052749
P139

JKS-ST-08
染付矢羽根
三.五多用皿
φ103.5×H23.5mm
67g
¥1,200
4515280052756
P138

JKS-ST-09
染付三ツ柏
三.五多用皿
φ103.5×H23.5mm
67g
¥1,200
4515280052763
P139

与山窯

JKS-YZ-07
赤絵四方割地紋
φ94×H21mm
57g
¥2,000
4515280052893

P151

JKS-YZ-08
小紋富士図
φ95×H17mm
60g
¥1,200
4515280052909

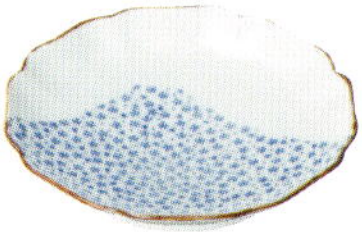

P150

224 porcelain

JKS-NN-01
ふぶき9.5cm皿
φ95×H15mm
65g
¥800
4515280052916

P154

JKS-NN-02
おにぎりwhite
W116×D95×H15mm
90g
¥850
4515280052923

P154

JKS-NN-03
nashijiプレートS
白磁
W105×D105×H17.5mm
105g
¥800
4515280052930

P155

与山窯

JKS-YZ-01
赤絵花弁富士図
φ107×H17mm
74g
¥2,000
4515280052831

P150

JKS-YZ-02
染付祥瑞富士山図
φ98×H20mm
78g
¥2,000
4515280052848

P151

JKS-YZ-03
色絵唐草富士山図
φ95×H17mm
60g
¥1,800
4515280052855

P150

JKS-YZ-04
染錦蛸唐草富士山図
φ98×H20mm
78g
¥1,800
4515280052862

P151

JKS-YZ-05
色絵若松富士山図
φ98×H20mm
78g
¥1,800
4515280052879

P150

JKS-YZ-06
色絵三方富士菊花文
φ106×H18mm
74g
¥1,500
4515280052886

P151

取扱協力店

ヤマト陶磁器
佐賀県西松浦郡有田町赤坂2351-169(赤坂卸団地)
☎0955-43-3511
http://www.yamatotoujiki.co.jp
http://www.realita.jp

匠
佐賀県西松浦郡有田町南原丁80-19
☎0955-43-3107
http://www.takumikk.com

西富陶磁器
佐賀県西松浦郡有田町南原甲222
☎0955-43-2239
http://www.nishitomi.jp

224 porcelain

JKS-NN-04
nashiji プレートS
セサミ
W105×D105×H17.5mm
105g
¥1,000
4515280052947
P155

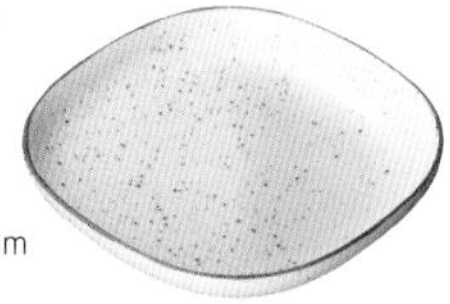

JKS-NN-05
nashiji プレートS
バニラ
W105×D105×H17.5mm
105g
¥1,000
4515280052954
P155

窯元索引　INDEX

50音順

【あ行】
今右衛門窯
P26 ～ 31、P163
今村製陶
P48 ～ 51、P164

【か行】
柿右衛門窯
P74 ～ 79、P167
梶謙製磁社
P112 ～ 115、P170 ～ 171
渓山窯
P18 ～ 21、P162
源右衛門窯
P88 ～ 93、P167 ～ 168
皓洋窯
P58 ~ 61、P164 ～ 165
香蘭社
P36 ～ 41、P163 ～ 164

【さ行】
しん窯
P94 ～ 99、P168
瀬兵窯
P130 ～ 133、P172
そうた窯
P136 ～ 139、P172 ～ 173

【た行】
辻常陸窯
P32 ～ 35、P163
伝作窯
P116 ～ 121、P171
伝平窯
P140 ～ 143、P173
陶悦窯
P80 ～ 83、P167
徳幸窯
P104 ～ 107、P169

【な行】
224 porcelain
P152 ～ 155、P174 ～ 175

【は行】
畑萬陶苑
P126 ～ 129、P171 ～ 172
深川製磁
P42 ～ 47、P164
福珠窯
P12 ～ 17、P161
福泉窯
P108 ～ 111、P170
藤巻製陶
P62 ～ 65、P165 ～ 166

【や行】
やま平窯
P66 ～ 69、P166
与山窯
P148 ～ 151、P174

【ら行】
利久窯
P100 ～ 103、P169
李荘窯
P22 ～ 25、P162

企　画　佐賀県有田焼創業400年事業実行委員会
ARITA SELECTIONプロジェクト

プロデュース　名児耶秀美・砂口あや・藤田 吏 (h concept)

編集・文　下川一哉・杉江あこ（意と匠研究所）

取材写真　高橋宏樹 (HIROKI TAKAHASHI STUDIO)

商品写真　實重 浩 (CRAYGPHOTO)

デザイン・装丁　小村裕一 (CY)

広　報　夏目康子 (Lepre)

地図作成　デザインワークショップ ジン

http://www.kinsyai-arita.jp

きんしゃい有《あり》田《た》豆皿《まめざら》紀《き》行《こう》

2015年6月12日　初版発行

編　者　ARITA SELECTIONプロジェクト
発行者　小林圭太
発行所　株式会社 CCCメディアハウス
〒153-8541 東京都目黒区目黒1-24-12
電話　販売(03) 5436-5721
編集(03) 5436-5707

印刷・製本所　図書印刷 株式会社

ISBN978-4-484-15211-0
Printed in Japan